모든 권력은 간신을 원한다

모든 권력은 간신을 원한다

한명회부터 ─────

───── 이완용까지 그들이 허락된 이유

이성주 지음

C
추수밭

간신이 사라지지 않은 이유는
권력이 그들을 원했기 때문이다

'간신'이란 단어를 들었을 때 제일 먼저 떠오른 책이 있다. 바로 《한비자韓非子》다.

> 군주와 신하의 이해는 상반되므로 신하 가운데 진정한 충신이란
> 있을 수 없다. 신하가 이익을 얻게 되면 반드시 군주의 이익은 줄
> 어들게 된다.

《한비자》 '내저설內儲說 하下'에 나오는 말이다. 유교에서 이야기하는 국가 경영은 이상주의 또는 낭만주의에 가까운 개념이다. 수기修己를 통해 개인의 인성과 능력을 닦은 다음 치인治人, 즉 사람을 다스린다는 것을 기본적인 구조로 삼고 있다. 개인에서 사회로 확장되는 다스림의 방식은 작동만 잘 된다면야 더 바랄 나위가 없을 것이다. 그러나 인간에게는 욕망이 있다.

한비자韓非子는 바로 이러한 인간의 욕망에 천착했다. 인간은 자신의 이득에 따라 움직이는 존재다. 한비자는 이 사실을 냉철하게 직시했다. 그리고 이 욕망에 대해 옳고 그름을 따지는 대신 욕망을 어떻게 통치에 활용할지를 고민했다.

한비자가 바라본 왕과 신하는 이익을 놓고 갈등하는 관계다. 한비자가 남긴 《한비자》는 군주가 이러한 개인들을 어떻게 신하로서 제어할지에 대해 고민한 결과로 가득 차 있다. 신하들을 통제하는 방법(권모술수)을 '술術'이라 했는데, 《한비자》의 내용 가운데 절반이 넘는 부분이 이 술에 관해 설명하거나 술을 찬양하는 내용이다.

법가는 사람을 믿지 않았다. 인간은 기본적으로 욕망을 가지고 있고, 이 욕망을 제어하기 위해서는 너무도 많은 시간과 노력이 필요하다. 또한 욕망을 제어하는 것이 가능한지 자체가 불확실하다. 그렇기에 한비자는 이런 불확실성을 배제하고자 '법法'이라는 시스템을 만들고, 그것을 근간으로 삼아 나라를 통치하는 방식을 제시했다. 시스템이 구비되어 있다면 사람의 능력에 크게 구애받지 않고 일정 수준의 성과를 유지할 수 있기 때문이다.

그러나 조선은 유교를 바탕으로 삼은 국가였다. 중국의 다른 왕조들처럼 조선도 외유내법外儒內法(유가를 표명하지만 법가로 통치하는 방식)의 모습을 보였지만, 오백 년간 조선이라는 나라의 정신을 지배한 사상은 분명히 유교였다.

안타깝게도 유교의 통치방식은 시스템적으로 간신을 만들 수밖에 없었다. 유학이라는 철학 자체를 섣부르게 비판하는 것이 아니다. 다만 그 작동원리를 본다면 간신의 출현과 제어에 있어서 다른 통치 철학들에 비해 취약한 점이 있었다.

여기서 '만들다'란 표현이 가리키는 바는 간신이 출몰하기 쉬웠다는 의미이기도 하지만, 후대의 평가에 의해 특정 신하들이 간신으로 만들어지기도 쉬웠다는 의미이기도 하다. 이 부분에 대해서는 다음부터 나오는 본문에서 자세히 기술하고자 하니, 따라와 주시기를 바란다.

이 책에서 이야기하는 간신의 의미는 이렇게 정리될 수 있다.

"왕조국가에서 간신은 태어나는 것이 아니라 만들어지는 것이다."

왕의 필요에 의해 혹은 신하들의 필요에 의해 간신은 만들어졌다. 역사를 살펴보면 권력자는 내부를 단속하는 수단으로 외부의 적을 자주 활용했다. 만약 외부에서 적을 찾지 못하면, 왕은 내부에서 적을 발명함으로써 조직을 적당히 긴장시키며 자신의 권력을 강화해 나갔다. 이처럼 권력의 필요에 의해 만들어진 '내부의 적' 간신은 적당히 사용되다가 그 쓸모가 다하면 버려졌다. 그리고 정리된 힘의 구도에서 왕은 궂은일을 대신하며 오물을 뒤집어써줄 새로운 간신을 구했다. 간신이 끊이지 않았던 까닭 가운데 하나는 이러한 권력의 속성에 있다. 그래서 '왜 간신은 사라지지 않는가?'라는 질문은 어느 정도 새삼스럽다. 권력은 간신을 필요로 하기 때문이다.

왕뿐만이 아니라 신하들 또한 스스로의 내부에서 간신을 만드는 경우가 왕왕 있었다. 자신들이 일으킨 혼란에 대한 책임을 뒤집어씌우기 위한 희생양을 만들 때 그러했고, 신권과 왕권의 대립에서 자신들이 불리할 수밖에 없는 명분을 보충할 수 있는 도구로도 이용했다.

안타까운 사실이 있다. 왕과 신하라는 표현이 쓰여서는 안 되는 민주주의 체제인 21세기 대한민국에서도 간신이라는 단어는 언어로서의 생명을 가지고 계속 사용되고 있으며, 실제로 사용 용례에 적합한 인물들이 계속 등장한다는 것이다.

간신은 한 겹 벗겨놓으면 일상을 살아가는 우리네의 모습에서 크게 벗어나지 않는다. 인간은 욕망하고, 그들도 인간일 뿐이다. 다만 욕망의 크기가 남들보다 더 컸고, 때마침 이 욕망을 실현시켜 줄 수 있는 '왕'이라는 요술방망이가 그들의 발밑에 떨어져 있었을 뿐이다.

다만 간신들의 상당수가 스스로 그 방망이를 휘둘렀다고 생각하지만 오히려 자신이 방망이에게 휘둘렸었음을 깨닫지 못했다. 지도자는커녕 평범한 어른으로서의 판단력도 제대로 갖추지 못한 암군 밑에서 국정을 농단했던 간신들도 분명 적잖게 존재했다. 그러나 역사를 살펴보면 남다른 욕심을 적절하게 자극받으며 간신으로 이용당했거나, 또는 그렇게 이용당하다가 왕의 통제에서 벗어나 진짜 간신이 되어버린 경우가 대다수다.

지금도 이 요술방망이는 우리 주변에 있다. 그들은 직장 상사일 수도 있고, 학교 선배일 수도 있으며 조직의 대표일 수도 있다. 이들은 자신의 권위를 피와 오물로 더럽히지 않으면서 자신의 권력을 지킬 수 있도록 어렵고, 더럽고, 위험한 일을 대신해줄 수 있는 존재를 찾고 있다.

간신에 관한 글을 쓰겠다고 마음먹었을 때부터 끝까지 놓치지 않고 들고 갈 개념으로 '욕망'을 떠올렸다. 사회생활을 어느 정도 해봤다면 쉽게 가늠이 될 것이다. 텔레비전 사극 속에 등장하는 간신들은 타고나길 남들에게 욕 듣기를 즐기고 제 욕심만 챙기는 사람으로 그려지지만, 그런 사람들이 남의 마음을 읽고 입 안의 혀처럼 굴 수 있는 간사한 신하가 될 수 있을까?

　간신은 하늘에서 떨어진 별종, 태어나면서부터 삐뚤어진 악마가 아니다. 기회가 주어지고 조건이 맞아떨어진다면 우리 옆의 누군가가 될 수도 있고, 다름 아닌 바로 내가 그렇게 될 수도 있는 '욕망하는 존재'다. 권력이 존재하는 한 누군가에게는 간신이 필요하기 때문이다. 이 책을 통해 내가 말하고 싶은 이야기의 전부다.

2019년 5월　남산을 마주보며

이성주

차례

【   왜 간신은 끊이지 않는가?   】

【　　　　　　간신은 이렇게 태어났다　　　　　】

【 간신은 이렇게 모든 것을 장악했다 】

【　　　간신은 이렇게 만들어졌다　　　】

【

왜 간신은 끊이지 않는가?

】

인류는 숙제처럼 간신에 대해 고민했지만 간신은 끊이지 않았다.

그렇다면 전제부터 바꿔봐야 한다.

인류 역사에서 충신이야말로 철저하게 소수였다.

오히려 욕망에 휘둘려 권력을 농단한 간신이야말로 보통사람에 더 가깝다.

역사를 살펴보면 대다수의 간신은 외계에서 떨어지거나 지옥에서 올라온 별종이 아니었다.

우리가 권력을 쥐었을 때 어떻게 변할지는

우리 스스로도 장담할 수 없다. 우리가 간신에 대해 알아야 하는 까닭이다.

간신은 없다

'간신奸臣'의 사전적 의미는 '간사한 신하, 악한 신하' 정도로 풀이
할 수 있다. 군주제가 오래 전에 폐지된 지금도 우리는 이 '간신'이
란 단어를 듣고, 말한다. 텔레비전에서 방영되는 사극에서 흘러나
오는 말들 가운데 가장 흔하게 들을 수 있는 말 하나가 간신이고,
이른바 선거철이나 정치 관련 이슈가 터질 때 약방의 감초처럼 나
오는 말 또한 간신이다.

　되묻고 싶다. 우리는 간신의 뜻을 제대로 알고 있을까? 사전에
정의된 의미가 아니라 역사상 간신으로 지목된 사람들에서 살필
수 있는 진짜 의미로서 말이다. 역사에 기록된 간신들의 이야기를
보면 이들은 사람이 아니다. 백성들의 피눈물을 쥐어짜고, 자신의
이익을 위해 나라를 망치고, 역사를 혼란에 빠뜨리는 악마다.

그래서 사람들은 간신을 특별히 예외적인 존재로 취급하며 타고난 천성이 악해서 간신이 되었다고 생각한다. 동서양의 고전을 살펴보면 이러한 간신을 골라내는 방법에 대해 골몰한 흔적을 쉽게 찾아볼 수 있다. 이른바 '변간법辨姦法'이다. 간신을 분별하기 위해 선현들은 머리를 쥐어짜냈다.

　춘추전국시대의 병법서인 《육도》에는 팔관법八觀法이라 해서 인재를 보는 여덟 가지 기준점이 나온다.

　하나, 질문을 해서 그 답하는 말을 살핀다.
　둘, 자세히 캐물어서 그 반응을 살핀다.
　셋, 몰래 사람을 보내 그 성실함을 살핀다.
　넷, 핵심을 찌르는 말로 그 덕을 살핀다.
　다섯, 돈을 다루는 일을 시켜 그 청렴함을 살핀다.
　여섯, 여자를 곁에 두게 해 그 단정함을 살핀다.
　일곱, 위급한 상황을 알려 그 용기를 살핀다.
　여덟, 술에 취하게 해서 그 솔직한 모습을 알아본다.

　실용적이라고 해야 할까? 지금의 압박 면접과 다를 바 없는 인재 선별법이다. 그렇다면 이 여덟 가지 기준점에 부합하면 좋은 인재이며, 간신이 아닌 것일까? 수많은 고전을 더듬어 보면 인재를 고르고 간신을 배제하는 수많은 '방법'들이 나온다. 그러나 그 방법들은 추상적이며, 구체화되지 않았다. 대신 그 빈자리를 채우는 것이 간신들의 유형이나 이들의 행적이다.

한漢 말기 학자 유향劉向이 지은 《설원說苑》에는 여섯 유형의 해로운 신하, 육사신六邪臣에 대한 설명이 나온다. 그 여섯 가지 분류는 다음과 같다.

구신具臣. 아무런 구실도 못하고 단지 머릿수만 채우는 쓸모없는 신하.

유신諛臣. 군주에게 아첨하는 신하.

간신奸臣. 간사奸邪한 신하. 사리사욕을 채우기 위해 공명정대함을 저버리는 신하.

참신讒臣. 남을 짓밟고 올라서기 위해 거짓을 말하는 신하.

적신賊臣. 개인적 이익만 추구해 반역하거나 불충한 신하.

망국신亡國臣. 나라를 망하게 하는 신하.

이 분류에 이의를 제기하는 사람은 없을 것이다. 그러나 육사신을 자신의 행적과 비교해보는 이 또한 거의 없을 것이다. 직장인이나 공무원으로 살아가는 현대인들에게 육사신의 분류 방식을 적용해보면 적게는 한 가지, 많게는 세 가지 이상 해당하는 경우가 '꽤' 있을 것이다. 나만은 그렇지 않다고 항변할 사람들도 있을 것이고 실제로 정직하고 성실하게 살아가는 사람들도 많다. 그러나 스스로의 삶을 솔직하게 되짚어보자.

망국신亡國臣과 같이 자신이 속해 있는 조직이나 국가를 망하게 하는 극단적인 경우야 거의 없겠지만, 실패의 두려움 앞에서 납작 엎드려 출퇴근만 하는 사람, 상사의 비위를 맞추기 위해 아첨하는 사람, 공짜 술을 마시기 위해 거래처 접대에 응하는 사람, 동료를 시샘해 뒤에서 악평을 퍼뜨리는 사람은 역사 속 이야기가 아니라 우리 주변에서 흔히 볼 수 있는 일상이다. 나아가 우리 자신일 수 있다. 여느 일터에서 사회생활을 하느냐, 국가를 운영하는 자리에 올랐느냐에 따른 정도의 차이일 뿐이지, 그 근본은 다를 것이 없다.

한나 아렌트가《예루살렘의 아이히만Eichmann in Jerusalem》에서 설파했던 핵심 주제가 바로 '악의 보편성banality of evil'이다. 2차 세계대전 동안 학살을 자행했던 아이히만은 악마가 아니었다. 우리가 주변에서 흔하게 볼 수 있는 보통사람이었다.

모든 사람들이 당연하게 여기고 여상하게 행하는 일이야말로 악惡일 수 있다.

보통의 존재, 간신

이는 우리 머릿속에 정형화된 간신의 이미지에도 고스란히 적용된다. 그들이 특별히 '나쁘게' 태어났다거나, 악마적인 소양을 타고났다고 볼 수는 없다. 아니, 그 이전에 우리 보통사람들의 모습을 보자. 우리 안에는 언제든 기회만 닿으면 간신으로 진화할 수 있는 '소질'이 숨어 있다. 다만 그 싹을 틔울 수 있는 환경이 조성되지 않

권력의 조건

1864년 노예해방 선언을 최초로 낭독한 당시의 풍경. 링컨을 둘러싼 이들 가운데 상당수는 그와 대립했던 정적政敵이었다. 이들은 대의 또는 자신에게 주어질 수 있는 이익에 설득되어 링컨과 손을 잡았다.

왼쪽부터 ①에드윈 스탠턴, ②새먼 체이스, ③에이브러햄 링컨, ④기드언 웰즈, ⑤캘럽 스미스, ⑥윌리엄 시워드, ⑦몽고메리 블레어, ⑧에드워드 베이츠

왔을 뿐이다.

우리가 충신으로 기억하고 있는 사육신死六臣을 떠올려 보자. 이들은 단종을 위해 세조에게 반기를 들고, 그 목숨까지 버린 지조와 절개의 표상들이다. 그렇다면 그들이 이와 같이 역사에 아름다운 이름으로 기록된 이유는 무엇일까? 그 답은 간단하다.

"흔하지 않아서."

사육신과 같은 사람들이 많았다면, 최소한 사육신의 생각에 동조하는 이들이 많았다면 애초에 세조가 계유정난癸酉靖難을 일으키지도 못했을 것이고, 단종이 쫓겨나지도 않았을 것이다.

인류 역사에서 충신이란 철저하게 소수에 속해왔다. 역사상 그 많은 충신들은 다 무엇이냐고 반문할 수 있겠지만, 역사에 기록된 그들이 곧 인류가 배출한 충신의 전부다. 적어도 '숫자'를 동원한 단순한 논리로 보자면 충신이야말로 비정상, 인간의 특성에 반하는 존재일 수 있다.

우리가 배워온 인간의 윤리와 도덕의 관점에서 보자면 충신의 삶이야말로 지향해야 하는 옳은 태도다. 그러나 자연적 측면에서 보자면 충신의 삶만큼 잘못된 선택은 없다.

진화 생물학자 리처드 도킨스는《이기적 유전자The Selfish Gene》에서 인간이란 결국 유전자의 '탈것'에 불과하다고 이야기한다. 그의 주장에 따르면 종의 목적은 자신의 유전자를 후세대에 전달해주는 것이다. 그러한 종의 보존이라는 의미에서 보자면 충신의 삶은 낙제점이다.

비약이겠지만, 핵심은 간단하다. 충신은 인간의 속성에 반하는 비정상적인 존재다. 역사로 되새김질되는 까닭 또한 그들이 희귀하고 특별하기 때문이다. 충신은 플라톤이 말하는 이데아적 아름다움에 가깝다. 인간이 절대 도달하지 못하는 완벽한 세계를 구축해놓은 다음, 그 삶을 지향하는 것이다. 그러나 플라톤의《국가》에서 설파한 철인정치를 실행하기 위해서는 수십 년간 욕망을 통제하며 철저하게 교육을 받아야 한다. 그러한 덕목을 우리 일상에 적용하는 것이 가능할까?

우리의 본성은 간신에 가깝다. 인간은 나약하고, 이기적이다. 오죽하면 링컨이 이렇게 말했겠는가?

"누군가의 인격을 시험하고 싶다면, 그에게 권력을 맡겨라If you want to test a man's character, give him power."

우리 보통사람들이 권력을 쥐었을 때 어떻게 변할지는 아무도 알 수 없다. 간신은 외계에서 떨어지거나 지옥에서 올라온 별종이 아니다. 어느 곳에서나 여상하게 마주칠 수 있는 우리 자신의 다른 모습이다.

간신은 만들어진다

"원균만 없었다면, 한명회만 없었다면, 남곤만 없었다면….."

만약 그들이 없었다면 한국사는 어떻게 전개되었을까? 나비의 작은 날갯짓으로도 돌풍이 생길 수 있다고 하니 역사가 달라졌을 수도 있다. 그러나 결과까지 크게 바뀌진 않았을 것이다. 그들의 등장은 그들을 품어 줄 수 있는 '환경'이 있었음을 의미하기 때문이다. 그 환경 자체가 바뀌지 않는다면 그들의 대체재가 얼마든지 등장하기 마련이다.

간신이 만들어지는 존재인 까닭은 바로 여기에 있다. 우리가 역사 관련 도서나 방송 사극을 통해 접했던 간신이라는 이미지, 요사스러운 표정으로 임금 뒤에서 은밀하게 귓속말을 건네거나 왕을 제치고 기름진 배를 두들기며 세상을 농락하는 모습은 허상이다. 대다수의 간신이 탄생하는 이유는 따로 있다. 바로 '절대권력' 때문이다. 쉽게 표현하자면 '왕' 때문이다.

그렇다면 왜 왕 때문일까? 그 까닭은 세 가지로 설명할 수 있다.

리더에게는 간신과 같은 내부의 적이 필요하다

왕조국가에서 국가 운영의 주체는 왕이다. 왕에게 절대권력이 주어졌고, 왕은 이 권력을 가지고 나라를 통치한다. 만약 국정 운영에 문제가 발생하거나 국가가 혼란에 빠진다면, 그것은 왕의 책임이다. 그럼에도 왕조국가에서는 절대권력인 왕에게 책임을 물을 순 없는 노릇이다. 설령 그 왕이 죽는다 해도 책임을 묻기 힘들다. 왕조 국가의 특성상 다음 왕은 왕의 아들이거나 인척일 확률이 높기 때문이다. 문제에 대한 책임을 누군가는 짊어져야 하고, 그렇다고 왕에게 그 짐을 지울 수는 없는 상황에서 왕조국가는 '대타'를 구하게 된다. 바로 간신이다.

"왕은 나라를 잘 다스리려 했는데, 왕의 시야를 흐리게 만든 간신이 문제다"라는 것이다. 요즘 표현을 빌자면 '욕받이'다. 그런 방식이 아니면 시대의 혼란과 잘못된 정책을 비판할 수도, 단죄할 수도 없다.

오늘날 우리가 혼동하기 쉽지만 왕의 권력은 민주주의 체제의 '권력자'와는 차원이 아니다. 왕의 말 한마디에 비유가 아니라 사람의 생명이 오갈 수 있다. 그러한 왕을 함부로 평가하고 비판할 수 있을까? 설사 그 왕을 욕한다 하더라도 이를 떠받치는 왕조의 역사는 어떻게 부정할 수 있겠는가?

만약 어떤 '간신'이 마음에 들지 않거나, 전횡이 지나치다고 판단되면 처형하거나 내쫓으면 된다. 그 어렵지 않은 일을 행하지 않은 이가 바로 왕이다. 즉 간신이 생겨난 데 대한 일차적인 책임은 왕에게 있다는 것이다. 오히려 '간신'이라 불리는 이들이 피해자일 수도 있다. 실제로 역사상 간신으로 분류된 자들의 면면을 살펴보면, 의외로 나쁜 짓을 '덜' 한 경우가 많다.

간신의 대명사처럼 회자되는 한명회만 보더라도 권력을 탐하긴 해도, 나름의 '생각'을 가지고 정치를 했던 인물이다. 물론 '소소한' 일탈행위가 있었지만, 무소불위의 권력을 가진 이가 스스로를 제어하지 못해 권력에 취해 실수했다고 볼 수 있는 부분이 많다.

지금의 상식으로는 '나쁜 놈'일 수 있지만, 절대권력이 주어진 상황에서 스스로를 제어할 수 있는 사람이 얼마나 될까?

절대권력은 절대로 부패한다

고대부터 시작해 현대까지 이어지는 정치 발전의 방향성이 뭘까? 간단하다. 권력의 규제다. 200년 전만 하더라도 왕의 한마디에 사람은 죽었다. 그러나 지금은 어떤가? 삼권분립이 정착된 민주주의 국가에서는 법을 만들고, 그 법에 따라 법을 위반한 이를 체포하고, 법에 따라 판결을 내린다. 그 사이에 양념처럼 '여론'이란 것도 달라붙는다. 법의 제정, 집행, 판결의 공정성을 감시하는 '언론'이란 감시체제도 있다. 권력은 끊임없이 규제되어 왔다.

절대권력은 절대부패한다. 이 때문에 권력은 분리되어야 하고, 견제되어야 한다. 물론 현대 민주주의 체제 하에서도 부패한 정치인이 있고, 권력을 농단하는 비선실세도 있다. 그러나 과거 왕조국가 체제와는 비교하기 민망할 정도로 진일보했다 할 수 있다. 권력은 언제나 통제되고, 감시당하기 때문이다.

이것이 무엇을 의미할까? 바로 권력이 쪼개지고, 감시당하기 때문에 어떤 특정 인물 한 명에게 몰리는 경우가 드물고, 설사 권력을 쥐었다 하더라도 과거의 '간신'들처럼 무소불위의 권력을 사용하는 것이 어렵다는 의미다.

왕조국가의 경우 왕의 권력은 절대적이다. 그런 왕의 신임을 받아 간신이 권력을 위임받거나, 국정을 장악하게 된다면 그 나라는 한사람에 의해 좌지우지된다. 견제를 받지 않은 권력의 무서움이다.

모든 이의 의사를 묻는 민주주의는 역설적으로 사람을 믿지 못하기 때문에 만들어진 정치체제다. 효율만을 따진다면 유능하고 성실한 지도자를 뽑아 모든 권력을 몰아주고 국정 운영을 맡기는 쪽이 보다 조직을 발전시키는 길일 것이다. 불필요한 토론으로 시간 낭비할 이유도 없고, 소수의견에 발목 잡혀 끌려 다니지 않아도 된다. 그러나 초인에게 권력을 위임한 결과가 어땠는지는 역사가

증명한다. 절대권력은 반드시 부패한다. 견제를 받지 않았기 때문이다. 그 후의 결과는 고스란히 국가와 국민들이 치른다.

절대권력을 가진 지도자가 그 권력을 언제나 제대로 행사한다면, 조직은 어떻게든 돌아간다. 그러나 아주 잠시라도 권력의 고삐를 놓치는 순간 조직은 무너진다. 간신은 그 틈을 파고들어 언론을 막고, 왕의 눈과 귀를 가린 다음 자신의 사익을 위해 움직인다.

다시 말하지만, 이 모든 결과는 지도자가 하기 나름이다. 왕이 영민하다면 간신이 발을 붙일 곳은 없다. 간신은 왕이 만드는 것이다.

조직은 간신이라는 희생양을 필요로 한다

동아시아 문화권의 핵심 사상은 유교다. 그런데 그 시작점을 보자면 유교는 실패한 사상이다. 춘추전국시대에 제자백가라 일컬어지는 수많은 학문과 사상이 나왔다. 당대 중국인들이 혼란에 빠진 세상을 안정시키기 위한 방법론을 치열하게 찾았기 때문이다. 이 혼란을 잠재운 사상은 '법가'다. 진秦은 법가를 도입해 하나의 중국을 만들었다. 공자가 수많은 나라를 떠돌며 유세를 했지만, 당시 그 어떤 군주도 유교를 통치사상으로 받아들이지는 않았다.

이러한 유교가 재조명을 받은 시기는 한漢 시기에 이르러서였다. 말 위에서 천하를 얻을 수는 있어도, 말 위에서 국가를 유지하는 것은 불가능하다. 한 무제는 군주권을 합리화하기 위해 동중서董仲舒

의 의견을 받아들여 법가적 유교정치를 완성한다. 그리고 한 무제가 추진한 유교의 관학화, 유학을 기반으로 하는 국정 운영은 국가가 유교를 보호해 국가의 통치이념으로 삼는 것으로 완성됐다.

왜 하필 유교였을까? 난세를 극복하기 위해선 강력한 법이 필요했지만, 제국을 통치하기 위해선 안정적이고 보수적인 정치이념이 필요했다. 유학의 근본이념을 뜯어보면 그 이유를 알 수 있다. 왕에게 충성하는 것이 미덕이고, 부모에게 효도하는 게 도리다. 보수주의자, 지킬 것이 있는 이들에게 이보다 더 훌륭한 정치이념은 없다.

문제는 이 유교가 과거나 현재뿐만 아니라 '미래'도 규정했다는 점이다. 바로 '춘추필법'이다. 공자가 쓴 역사서인《춘추春秋》는 노나라의 사관이 기록한《춘추》를 공자가 자신의 '도덕관'에 맞춰 편집한 결과다. 한마디로 기존 역사를 공자 나름의 논리로 해석한 책으로, 역사서임에도 유학 경전인 사서오경에 들어간다. 이처럼 유교적 윤리관에 비추어 역사를 기록하는 방식을 '춘추필법'이라 부른다.

춘추필법의 핵심은 유교적 윤리관에서 벗어난 인물에 대한 가혹한 비판이다. 역사가 아니라 정치비평이라고 하는 것이 옳을지도 모르겠다. 이런 춘추필법의 최대 희생양이 바로 '간신'이다. 역사란 승자의 것인데, 여기에 춘추필법까지 더해지면서 간신은 '악마'로 포장됐다. 실제 역사가 아니라 '비평'의 영역으로 기술된 간신들의 이야기는 악의 연대기로 보일 정도로 비약과 과장으로 점철된다.

우리가 알고 있고, 배워왔던 '간신'이란 이름 가운데 많은 이는 역사의 희생양일지도 모른다.

간신은 선악으로 평가할 수 없다

조선의 역사에 기록된 9인의 간신, 우리가 '간신'이라 믿어왔던 이들을 이야기하기 전에 당부의 말을 건네고자 한다. 역사, 특히나 정치사를 볼 때 우리는 모든 행위와 그 행위의 의도, 이로 인해 실제 벌어진 사실들을 선악의 개념으로 바라보는 경우가 많다. 이는 역사뿐만이 아니라 지금 여기를 살아가는 우리가 자주 겪는 오류다.

간단한 예를 하나 들어보겠다. 북벌군주로 기록된 효종을 보자. 우리의 머릿속 효종은 이런 모습일 것이다. "병자호란 이후 심양으로 끌려가 볼모 생활을 하고 돌아온 다음 병자호란의 수치를 씻고, 조선의 자존심을 지키기 위해 북벌을 준비했다." 이게 얼마나 허황된 이야기일까?

"망한 나라는 다시 존재할 수 없다(망국불가이부존亡國不可以復存)"

《손자병법》 '화공火攻' 편에 나와 있는 말이다. 전쟁이란 한 개인의 죽음과 삶의 문제를 뛰어넘어 한 나라의 존립과 패망을 결정짓는 행위다. 아무리 절대권력을 가진 왕이라고 할지라도 일개 개인이 자신의 욕심만으로 전쟁을 그리 쉽게 일으킬 수 있을까? 하물며 직전 두 차례의 전쟁에서 모두 패배했고, 지난 40여 년 사이 네 번의 큰 전쟁을 겪어 국토가 초토화된 조선에서 대규모 정벌이 가능키나 할까? 아무리 명분이 중요하다 하더라도 조선이 먼저 전쟁을 일으킬 수 없다는 것쯤은 쉽게 짐작할 수 있다. 그럼에도 효종은 왜 북벌을 말했던 것일까? 간단하다. 정치적 이익 때문이다.

효종은 소현세자의 '의문사'에 뒤이은 '억지스러운 권력 승계'를 통해 왕위에 오른 인물이다. 원칙대로라면 소현세자의 장남인 석철이 세손 자리에 올랐어야 했다. 그러나 인조의 억지로 차남인 봉림대군이 세자의 자리에 올랐고, 후에 효종으로 즉위한다. 권력의 정통성에 흠집이 간 상태에서 효종은 정국 주도권을 잡고, 송시열과 송준길 등 재야의 실세들을 끌어들이기 위해 누구도 거부할 수 없는 명분을 들고 나왔다. 바로 북벌이다.

실제로 효종은 군비를 확충하고, 병사들을 조련했다. 그러나 그것은 정벌을 위한 준비가 아니라 수비를 위한 태세 정비였을 뿐이다. 이를 통해 효종은 정국의 주도권을 잡았고, 흠집난 자신의 권력 정통성을 보완할 수 있었다. 모든 정치 행위는 선악의 개념이 아니라 이해利害의 개념으로 받아들여야 한다.

간신을 권하는 사회

한국은 아직까지도 유교의 영향에서 자유롭지 않다. 정치는 특히나 더 그렇다. 그렇다면 정치에서 핵심이 뭘까? 이에 대해 자로가 스승인 공자에게 질문한 적이 있다.

"위나라 임금이 선생님을 모셔서 정치를 맡긴다면, 무엇부터 먼저 하시겠습니까?"
"반드시 명분을 바로잡겠다."

정치의 핵심은 명분이다. 그러나 명분의 이면에는 수많은 이해관계가 얽혀 있다. 예를 하나 더 들어보겠다. 간신과 동격으로 많이 쓰이는 표현 가운데 하나로 탐관오리貪官汚吏가 있다. 자신들의 이익을 위해 백성들을 수탈하는 못된 관리를 의미한다. 사극을 즐겨보지 않는다고 해도 한 번쯤 들어본 적이 있을 것이다. 그렇다면 탐관오리의 반대말은 무엇일까? 바로 청백리淸白吏다. 청렴결백해 백성들의 재산을 지키고, 공명정대하게 법과 원칙으로 공무를 행하는 이들을 가리킨다.

공공의 업무를 처리하는 관리라면 언제나 맑고 깨끗해야 한다. 그래서 조선시대에는 청백리를 찾아내 포상을 했고 탐관오리들을 찾아내 처벌했다. 당연한 이야기같지만 하나의 제도가 만들어진다는 것은 그것이 생겨난 '원인'이 있음을 의미한다. 조선은 의욕적으로 청백리를 찾아내 포상을 했던 나라다. 뒤집어 생각하자면 그만큼 탐관오리가 많았다는 의미도 된다. 왜 그랬을까? 조선의 관리들이 특별히 다른 나라의 관리들보다 더 악독하거나 도덕성이 뒤떨어져서일까? 어린 시절부터 공맹의 도리를 배워온 그들이라면 더 깨끗하고 청렴해야 하지 않을까?

이유는 간단하다. 사회가 그들을 탐관오리로 내몬 것이다.

"조선은 가난한 나라다."

이것이 대전제다. 조선시대 국가에서 녹을 받는 '공무원'의 숫자는 겨우 5,000명 남짓이었다. 이들 가운데 거의 대부분이 군인이었다. 우리가 알고 있는 관복 입고 임금 앞에서 '성은이 망극하옵니다!'를 외치던 문관들의 숫자는 고작해야 500명 남짓이다. 이 500명이 제대로 월급을 받았다면 이야기가 또 달라지겠지만, 이들은 월급 자체가 적을 뿐 아니라 그마저도 제대로 받지 못했다.

조선 후기 녹봉체계를 보면 정1품 당상관(오늘날 국무총리급)의 월급이 쌀 38두, 콩 20두였다. 즉 국무총리가 쌀 38말과 콩 20말을 월급으로 받았다는 것이다. 정9품의 경우엔 쌀 10두, 콩 5두밖에 받지 못했다. 그나마 이것을 다 받는다면 생계를 어떻게든 꾸려보겠다는 마음이라도 먹을 수 있겠지만, 당시 조선의 상황은 조정 대신들의 월급을 제대로 챙겨줄 만큼 여의치가 않았다.

"이번에 중국 사신이 방문하기에 감록減祿을 하기로 했습니다."

"이번에 충청도 지방의 흉년 때문에 세수 수입이 줄었습니다.

성성자惺惺子

영남사림의 대표적 인물인 조식曺植이 항상 스스로를 경계하기 위해 옷깃에 달고 다녔다는 쇠방울. '성惺'은 경계하는 데서 오는 깨달음을 뜻한다. 조선은 위정자들과 지배계층의 타락을 크게 경계했으나, 이들을 제어하는 체제의 마련보다 개인의 심성 함양을 더 강조했다.

감록하기로 하겠습니다."

툭하면 감록이었다. 일 년 열두 달 중에서 월급을 제대로 받은 달이 한두 달이라도 있었다면 그 해는 정말 운이 좋은 해였다고 말할 정도였다. 이러다 보니 조정 관료들은 감록이란 말이 너무나 자연스럽게 다가왔고, 원래 받아야 할 녹봉은 어디까지나 '서류상의 연봉'이라고 생각하게 된다. 안 그래도 생활하기 어려울 정도로 적은 녹봉인데, 그나마도 감록되는 통에 조정 관료들은 월급으로는 생활이 안 된다는 결론을 내리게 된다.

물론 조정 관료들이 월급을 주 수입으로 생각하지는 않았다. 이들에게는 따로 수입원이 있었으니, 바로 수증受贈이었다. 말 그대로 선물을 받는 것인데, 중앙관직에 있으면 지방관들에게 선물을 받고, 반대로 지방직에 있을 때에는 중앙관료에게 선물을 보냈다. 그렇다면 월급 수준이야 빤할 텐데 선물을 어떻게 준비했을까?

한 발 더 들어가 보자. 조선시대를 배경으로 한 사극을 보다 보면, 탐관오리 사또 옆에 꼭 빠지지 않고 등장하는 존재가 있다. 바로 '이방'이다. 지방관아 소속의 아전들인 이들은 탐관오리들이 돈을 뜯어갈 때 옆에서 떡고물을 챙긴다. 이들 역시 백성을 수탈했다. 보이는 모습만 보면, 이들은 부정부패에 찌든 부패 공무원이다. 그러나 이들에게도 사정이 있었다. 그들은 월급을 받지 못했다.

그 누구라도 살아가기 위해서는 생활비가 필요하다. 그렇기에 백성들을 수탈한 것이다.

간신은 선악으로 평가할 수 없다

간신은 태어나는 것이 아니라 만들어지는 것이다

우리는 직관적이고, 확실한 '설명'을 원한다. 어렵고 복잡한 이야기, 불편한 이야기를 회피한다. 그러나 세상에 명확하게 흑과 백을 나눌 수 있는 이야기가 있을까? 관객으로 즐기기 위해서는 '딱' 떨어진 이야기가 좋다. 선과 악의 대립구도로 전개되어 사필귀정으로 끝나는 이야기가 개운하기도 하다. 그러나 현실 어디에도 그런 이야기는 존재하지 않는다. 우리가 알고 있는 대부분의 이야기들 가운데 진정한 의미의 '선과 악'은 흔치 않다. 사이코패스가 등장하는 총기 난사 사건이나 반사회적 범죄에서나 찾을 수 있을 것이다.

"핑계 없는 무덤은 없다"란 주장을 할 수도 있다. 여기서 간신들을 비호하거나 변호할 생각은 없다. 다만 그들의 행위를 선악의 개념으로 단정 짓지는 말자고 부탁하고 싶을 뿐이다. 인간 행동의 기본 동기가 되는 원천적 에너지는 선을 추구하고 악을 미워하는 마음이 아니다.

"이익에 대한 욕망." 이 개념으로 간신들을 바라보길 바란다. 이것은 간신들뿐만 아니라 역사 전체, 아울러 우리 삶 전반에 걸쳐 통용되는 이야기다. 시대마다, 또 저마다 기준이 다른 선악의 프레임에서 벗어나 인간을 움직이는 힘인 '이익의 흐름'으로 이들을 바라보기 바란다. 전혀 새로운 관계도가 등장할 것이다.

간신은 간신을 허용한 '왕'과 '시대'가 있어야 등장할 수 있다. 신하 혼자 '욕망'한다고 간신이 될 수는 없다. 이를 받아들이고, 허용하는 '왕'이 있어야 한다. 그렇다면 간신을 바라볼 때 이런 의문을 가져볼 필요가 있다. "왕은 왜 간신을 받아들였을까?"

왕이 간신을 '허용'한 까닭은 '이익'이 있었기 때문이다. 다른 신하들이 주지 않는 어떤 '이익' 혹은 '욕망의 충족'이 있었기에 왕이 간신을 선택한 것이고, 그에게 자신의 권력을 맡긴 것이다. 서로의 계산이 맞아 떨어졌다고 해야 할까?

명 말기의 희종熹宗처럼 정치보다는 목공이 좋아 모든 것을 포기하거나 그의 아버지 신종神宗처럼 아예 아무것도 안 한, 정치적 자질이 없는 군주도 있다. 그러나 제대로 제왕학을 공부하고, 군주로서의 최소한의 소양을 갖춘 이들이라면 '선택'할 수 있는 기회가 있고 분별할 사리가 있기 마련이다. 그럼에도 왕들은 굳이 간신을 선택했다. 심지어 신종이나 희종조차 '귀찮다'는 이유와 '편해지겠다'라는 욕망이 맞물려 간신을 선택했다. 간신들은 이들 군주의 욕망에 부합한 뒤 자신들의 욕망을 채웠다. 군주와 신하 각자의 욕심이 맞아떨어진 거래인 것이다.

서로 간의 이익의 흐름. 그 흐름이 만들어낸 것이 바로 간신과 혼군昏君이다. 딱히 간신의 도덕성에만 문제가 있는 경우는 드물다고 보는 게 맞다. 다시 말하지만 간신은 만들어지는 것이지, 태어나는 경우는 드물다. 이것을 기억하고 이야기를 쫓아오길 바란다.

간신은 선악으로 평가할 수 없다

【 간신은 이렇게 태어났다 】

권위가 부족한 지도자는 앞장서서 권위를 높여 주고 오물을 대신 뒤집어써줄 존재를 찾게 된다.

이 때 적당히 능력 있고 적당히 욕심 많은 자가 왕이 내민 손을 잡으면 조직을 결속시켜줄 내부의 적,

간신이 탄생된다. 간신으로 인해 내부의 불만이 임계점에 달했을 때에는

간신을 숙청함으로써 지도자는 권위와 명분을 회복할 수도 있다.

지도자의 허락이 없으면 간신은 결코 만들어지지 않는다.

희망편

권신이
간신으로
변하기 전에
제어하라

홍국영이 세상에도 없는 역적이라는 것은 성상께서 이미 통촉하신 바입니다. 그런데 홍국영에게 내렸던 처분은 관직을 내놓고 전리田里로 돌아가게 한 것에 불과했으므로 벌을 주지 않고 법을 시행하지 않았습니다. … 홍국영이 애당초 나라를 보호한 공이 어찌 없다고 할 수 있겠습니까? 전하께서 그의 역모를 잘 알고 계시면서도 보존하려 하신 것은 그의 공로를 기념해서인 줄을 신이 물론 알고 있습니다. 그렇지만 홍국영과 같은 죄악을 저지른 사람으로 하여금 목숨을 보전해 방안에서 죽게 했으니, 후세에 이 일을 논하는 사람이 전하께서 형정을 올바르게 시행하지 않은 것에 대해 어찌 의혹을 가지지 않겠습니까?

《조선왕조실록》정조 7년(1783년) 1월 16일자

홍국영洪國榮의 인생을 단적으로 정리한 기록을 발췌했다. 정조 최초의 총신이자 충신이었던 홍국영은 졸지에 역적이 됐다. 기록 중에 '애당초 나라를 보호한 공이 어찌 없다고 할 수 있겠습니까?' 란 대목에 주목해 보자. 홍국영이 없었다면, 정조도 없었다는 사실을 인정한 것이다.

솔직하게 말해보자. 홍국영이 없었다면 정조는 과연 즉위할 수 있었을까? 설령 즉위했다고 하더라도 왕위를 유지할 수 있었을까? 비유가 아닌 물리적으로 생명이 위협받았던 것이 정조가 즉위한 직후의 일이었다.

7월 28일 대궐 밖의 개 잡는 집에 가서 강용휘와 신이 개장국을 사 먹고가 함께 대궐 안으로 들어갔는데, 강계창이라는 별감別監과 나인內人 강월혜를 불러 한참을 귀에 대고 속삭였습니다. … 강용휘가 옷자락을 걷어맨 데에서 모래를 움켜쥐고 함께 옥상으로 올라가다 존현각尊賢閣의 중류中溜에 이르러서는 기왓장을 제치고 모래를 부리다 …

《조선왕조실록》정조 1년(1777년) 8월 11일자

누군가 정조가 거처한 존현각 위로 올라가 지붕을 뚫고 침투해 정조를 암살하려 했던 것이다. 이들은 궁중의 별감과 나인들을 포섭했고, 거사가 실패하자 열흘 후 다시 시도하기까지 한다. 당시 정조가 느꼈을 압박감이 어느 정도였을까? 비록 왕이 됐다 하지만 조정은 자신의 아버지를 죽인 노론세력으로 채워져 있었고, 자신은 세손 시절부터 즉위 직후까지 끊임없이 생명의 위협을 받았다. 아무리 똑똑하고, 강하다고 하더라도 잠은 자야 하지 않는가?

만약 정조 자신이 자는 와중에 습격을 받는다면 어떻게 될까? 그 이전에 자신의 호위 무관들이 포섭되면 어떻게 될까? 궁궐 안을 지키는 별감과 궁녀들까지 포섭된 마당에 호위 무관이 포섭되지 말란 법은 없었다. 결국 정조의 선택은 하나였다. 홍국영이다.

홍국영은 정조를 경호하는 숙위대장에 금위대장과 군권을 쥔 훈련대장, 거기에 왕명을 출납하는 도승지 자리까지 겸직하게 된다. 오늘날로 치자면 대통령 경호실장이 수도방위 사령부 사령관 자리와 대통령 비서실장 자리까지 꿰어 찬 형국이다. 이때 홍국영은 겨우 나이 서른을 넘겼다.

홍국영이 없었다면 정조도 없었다

홍국영의 출세는 이례적이었다. 그리고 이 이례異例의 뒤에는 정조가 있었다. 1772년 스물다섯의 나이로 과거에 합격했던 그가 정조와 인연을 처음 맺은 때는 과거 합격 2년 뒤인 1774년 3월이었다.

그렇게 동궁시강원 설서說書로 임명된 뒤로 홍국영은 정조의 오른 팔이 됐다. 실제로 역사에서 홍국영은 '세손의 오른날개(우익右翼)' 라 불렸고, 세손을 제거하려 했던 이들에게는 눈엣가시와 같은 존재였다.

'세손의 궁료宮僚인 홍국영이 목숨 걸고 지키고 떠나지 않으며 (세손궁홍국영 수사불거世孫宮洪國榮, 守死不去)'

《영조실록》〈영조대왕 행장〉에 실린 표현을 보면 당시 홍국영과 정조의 관계를 단적으로 확인할 수 있다. 실제로 정조가 즉위한 이후 정후겸, 홍인한을 숙청할 때 명분으로 삼은 그들의 죄목 가운데 하나가 홍국영을 제거하려 했다는 것이다.

홍국영이 없었다면, 정조 또한 없었을 것이다. 정조의 입장에서는 절대적인 신뢰를 줄 수밖에 없는 신하였다. 하긴 홍국영 말고 누가 또 그렇게 몸을 바쳐 위태로운 처지였던 세손을 지킬 수 있었을까? 그러나 문제는 정조가 즉위한 다음부터였다.

즉위했다고 해서 왕이 바로 국정을 장악할 수 있는 것은 아니다. 왕 혼자서 국정의 모든 것을 감당하는 것은 불가능하다. 손발이 되어 줄 신하가 필요하다. 그러나 정조에게는 믿을 만한 신하가 '거의' 없었다. 그 결과가 바로 믿을 수 있는 홍국영에게 모든 것을 맡기는 것이었다.

정조는 즉위하고 3일 뒤 홍국영을 동부승지同副承旨 자리에 앉힌다. 아직 서른도 안 된 그에게 정삼품 당상관 자리를 준 것이다. 이러한 파격은 시작일 뿐이었다. 동부승지 자리에 앉고 나서 채 반 년도 지나지 않아 홍국영은 곧 오늘날의 대통령 비서실장이라 할 수 있는 도승지 자리에 오른다. 이어서 정조는 자신의 총신을 양성하기 위해 만든 규장각 직제학 자리에도 홍국영을 앉혔다. 여기에 더해 대동미의 출납을 맡아보는 선혜청宣惠廳 제조 자리도 얹어준다.

내정의 총괄에 인재 양성, 국가 재정 분야의 일부, 거기다 병권까지 모두 홍국영에게 맡긴 것이었다. 우리가 알고 있는 명군名君 정조의 행보로 보기에는 이해하기 어려운 구석이 있다. 그러나 이는 불가피한 선택이었다. 권력의 쏠림 현상과 그에 따른 부패를 생각하기 이전에 '정권의 안위', 나아가 말 그대로 생명 자체가 걸린 문제였다. 일단 살고 봐야 하지 않을까?

짧았던 권력의 절정

홍국영의 위세가 절정에 달했을 때는 정조가 즉위하고 3년 뒤인 1778년이었다. 그의 누이가 정조의 후궁이 된 것이다. 바로 원빈元嬪 홍씨다.

원빈 홍씨와 정조의 혼인은 시작부터 파격이었다. 원빈 홍씨는 조선 역사상 삼간택三揀擇과 가례嘉禮 절차를 밟고 처음부터 '빈'으로 입궁한 최초의 후궁이다. 여기에 더해 후궁은 쓸 수 없는 으뜸

'원元'자를 작호爵號로 쓰게 하는 배려까지 이어졌다. 두 번째 중전?
실질적인 중전이라 말해도 할 말이 없을 정도의 파격이었다.

왕의 총애를 한몸에 받는 상황에서 왕의 외척까지 되자 홍국영
의 위세가 하늘을 찔렀다. 만약 여기서 원빈 홍씨가 아들만 낳았다
면 홍국영의 권력은 반석 위에 올라섰을지도 모른다. 그러나 하늘
은 홍국영의 '운'을 거기서 끊었다.

원빈 홍씨는 궁에 들어온 지 일 년 만에 병사한다. 야사로 당시
홍국영은 정조의 정비였던 효의왕후孝懿王后가 원빈을 독살했다고
의심해 효의왕후의 궁녀들을 잡아다 문초하고, 효의왕후를 모함했
다는 말이 전해진다.

여기까지만 보면 인간적인 '실수'로 볼 수 있는 면이 있다. 피붙
이와 연관돼 있으니, 억지로 이해하려 들면 이해할 수 있는 이야기
다. 게다가 어디까지나 야사이지 않은가? 그러나 아무리 이해하려
해도 오해할 수밖에 없는 일이 벌어진다.

완풍군完豊君 이준李濬의 작호에 대해서 말씀드릴 것이 있습니
다. 종친의 작호는 반드시 그 외가의 성씨의 관향을 따르는 것
이 본디 예입니다. 그리고 또 '완풍'이라는 두 글자는 바로 고
원훈元勳 이서李曙의 작호입니다. 이조에 분부하시어 고쳐 계하
하도록 하는 것이 마땅할 것입니다.

《조선왕조실록》 정조 4년(1780년) 8월 15일자

애초 원빈을 후궁으로 들인 목적은 정조의 후사를 잇기 위해서다. 그러나 원빈은 후사를 보지 못하고 죽었다. 이런 경우 다시 후궁을 들이는 게 정석이지만, 홍국영은 전혀 다른 꼼수를 두게 된다. 바로 은언군 이인의 아들 상계군을 원빈의 양자로 들인 것이다. 그러곤 군호를 완풍군完豊君으로 고친다. 이 완풍군이라는 군호가 문제였다. 완풍의 '완'은 완산, 오늘날 전주를 의미했고 풍은 풍산을 뜻했다. 전주 이씨와 풍산 홍씨의 결합이라는 뜻을 가진 이름이라고 받아들일 수 있다.

그러곤 홍국영은 "완풍군은 내 생질이다"라고 공언했다. 나는 새도 떨어뜨린다는 홍국영의 권세를 생각한다면, 원빈의 양자가 곧 전주 이씨의 적손이자 풍산 홍씨의 외손이라는 선언으로밖에 달리 해석할 길이 없다. 즉 완풍군이 정조의 후사를 이을 것이란 선언을 이름에 담은 것이다. 백보 양보해 '좋은 쪽'으로만 해석해도 "완풍군을 옆에 끼고 권력을 장악하겠다"라고 읽힌다. 그렇다면 '좋지 않은 쪽'으로 해석한다면 어떻게 될까?

"역모"라고 볼 수밖에 없다.

동지에 대한 추락 속의 배려

"오늘을 기억하시겠지요. 오늘은 신이 임진년에 성명聖明을 처음 만난 날입니다."

정조의 비밀어찰. 1799년 4월 10일자
"내가 서용보에게 말하지 않은 정보를 자네가 말했다. 나는 경을 격의 없이 대하는데 경은 갈수록 입을 조심하지 않는다. 앞으로 경을 대할 때 나 역시 입을 다물어야 할까? 우스운 일이다. '이 떡 먹고 이 말 말라'는 속담을 명심하라."

정조는 민감한 정치 현안을 앞두고 심환지, 채제공 등의 대신들과 은밀히 뜻을 맞춘 다음 공식적으로는 이들과 대립하거나 또는 이들의 의견을 윤허하는 모습을 취했다. 흥미로운 점은 받는 즉시 파기하라는 어명에도 불구하고 비밀어찰들의 일부가 전해져 내려오고 있다는 것이다.

규장각

1776년(정조 1년) 설치된 역대 조선 국왕의 시문과 서화, 유교遺敎, 고명顧命, 선보璿譜
(왕세보王世譜), 보감寶鑑 등을 관리하는 기구. 정조가 즉위하자마자 이를 설치한 이면
에는 왕권 강화를 위해 친위세력을 육성한다는 정치적인 목적이 있었다.

정조 3년(1779년) 9월 26일 홍국영의 폭탄선언은 이렇게 시작되었다. 임진년은 영조 48년(1772)을 의미한다. 홍국영은 정조와 처음 만난 임진년 이후 7년간 정조의 사람으로, 오직 정조를 위해 살아 왔다. 그러나 홍국영은 도를 넘어섰다. 정조는 홍국영을 버릴 수밖에 없었고, 사전에 홍국영과 모종의 '협상'을 했다. 그것이 아니라면 급작스런 홍국영의 사퇴를 설명할 수 없다.

이날 홍국영은 자신의 잘못들에 대한 '변명'과 함께 사직의 뜻을 밝힌다. 정조 역시 '능숙하게' 연기를 펼쳐 보인다.

경이 오늘 청한 것에 대해서만 짐이 윤허하였다마는, 어찌 전에 말한 것들에 대해 인색하고 뒤에 청한 것에 대하여 따른 것이겠는가? … 짐의 마음을 경만은 알 것이니, 어찌 차마 많이 말해 말세의 거짓된 풍습을 본뜰 수 있겠는가? 아! 경의 말은 곧 내 말이니, 경의 청을 애써 따른 뜻을 알려면 반드시 경의 글을 읽어야 잘 알 수 있을 것이다. … 선마宣麻하는 날에 약간의 말을 갖출 것이다. 경의 상소 가운데에 있는 청을 윤허하니, 경은 헤아려 알라.

못 이기는 척 사표를 받는 정조의 모습, 그러나 그냥 보내지는 않는다. '선마宣麻'란 단어에 주목해야 한다. 선마란 왕이 신하에게 궤장几杖을 하사할 때에 함께 써서 주는 글을 말한다. 쉽게 말해 지팡이를 내릴 때 하는 말이다.

조선에는 전직 관원을 예우할 때 내리는 벼슬이 하나 있었다. 바로 봉조하奉朝賀다. 종2품 이상으로 나이가 일흔이 넘어 퇴임한 관리들에게 특별히 내리는 벼슬로, 오늘날로 치자면 대기업의 '고문' 정도의 위치다. 이때 지팡이를 같이 내린다.

그런데 갓 서른이 된 홍국영에게 봉조하 벼슬을 내린다? 여지껏 파격 인사로 이어졌던 홍국영의 '관운'에 대한 반작용이라지만 너무 나간 느낌이 든다. 방금 전까지 정조 행정부의 최고 실세였던 자가 이름뿐인 고문 직책으로 물러나는 것이기 때문이다.

조정은 들끓었다. 당장 홍국영의 사람들이 들고 일어났다. 사간원지평 박천행 같은 이들이 홍국영의 사직을 말리지 못했다고 정승을 비난하기 시작했다. 정조는 이를 사주한 홍국영의 백부 홍낙순을 조정에서 쫓아낸다.

왕이 결심을 하자 아무리 권신權臣이라도 권력을 잃는 것은 순식간이었다. 홍국영은 전리방축田里放逐됐다. 그 동안의 쌓은 정, 그리고 군사를 거느리고 대궐을 침범하지만 않으면 모든 것을 용서해주겠다고 약속했던 정조였기에 재산을 몰수하고 시골로 내쫓는 선에서 타협을 본 것이다.

이후의 이야기는 의외로 심심하다. 홍국영 퇴출 후 조정은 틈만 나면 홍국영에 대한 처벌을 외쳤다. 그때마다 정조는 홍국영과의 의리 때문인지, 그를 이리저리 쫓아낼 뿐(결국 홍국영은 강릉까지 쫓겨난다) 그의 목숨에는 손을 대지 않았다.

홍국영의 세도는 3년 만에 끝이 났고, 조정에서 쫓겨난 지 일 년

여 만에 병들어 죽게 된다. 불꽃같은 삶이라고 해야 할까?

권력의 속성, 그리고 왕의 결단

권력은 돈과 같다. 어느 정도 모이면 증식의 욕구가 일어난다. 그리고 가진 자들은 이를 놓지 않으려 애쓴다.

"더 큰 권력을 잡으려 애쓰고, 잡은 권력을 놓지 않으려 발버둥 친다."

이것이 권력의 본질이다. 3년 동안 절정의 권력을 휘두른 홍국영도 이 본질을 피해가지 못했다. 정조가 권력을 몰아주던 즉위 초반에 홍국영은 재빨리 주변을 포섭했다. 구선복으로 대표되는 무장세력들은 알아서 찾아와줬다. 노론 온건파이자 정조가 세손 시절 스승으로 모셨던 김종수金鍾秀를 자신의 편으로 끌어들였고, 산림山林(관직을 거부한 재야의 선비들)을 포섭하기 위해 송시열의 후손인 송덕상宋德相을 데려왔다. 이렇게 주변을 다진 다음 권력을 안정적으로 유지하기 위해 홍국영은 자신의 여동생을 정조의 후궁으로 밀어 넣었다.

이러한 홍국영의 행동을 비난할 수 있을까? 권력을 쥐었다면 이 권력을 더 키우고 더 오래 가지고 싶어 하는 것이 인지상정이다. 동서고금의 역사적 사례들을 살펴보면 권력자가 홍국영처럼 행동하지 않은 경우가 오히려 '비정상'이었다. 권력을 추구하기 위해 발버

등을 쳤던 것만을 가지고 홍국영을 탓할 순 없다.

홍국영은 전통적인 의미의 '간신'과는 거리가 먼 인물이다. 왕을 파멸로 이끄는 간신이라기보다는 '권신權臣(권세 있는 신하)'이었다. 홍국영을 둘러싼 모든 문제는 다음의 한 문장으로 정리될 수 있다.

"한 사람에게 권력을 몰아주면, 필연적으로 문제가 생긴다."

설사 문제가 생기지 않더라도 '잡음'은 들릴 수밖에 없다. 그가 가진 권력의 주변에 위치한 사람들이 이를 가만두지 않기 때문이다. 권력이 몰린 이에게 능력이 있어 국정을 잘 이끈다면 음해를 할 것이고, 능력이 없고 탐욕에 찌들어 있다면 청탁을 할 것이다. 청렴함과 능력에 상관없이 어느 한 사람에게 권력이 몰리면 반드시 시끄러워진다.

여기서 주목해봐야 하는 것이 정조의 대처다. 홍국영과 정조는 신하와 왕, 그 이상의 농밀한 감정적 교류가 있는 관계였다. '한 배를 탔다'란 표현을 넘어 조금 과장하자면, 일련탁생一蓮托生(끝까지 운명을 함께한다)의 관계라 할 수 있는 사이였다. 같이 죽을 고비를 넘겼고, 온갖 고난 끝에 권력을 쥐게 된 동지였다. 만약 둘 중 하나가 죽는다면 나머지 한 명도 죽을 수밖에 없는 절절한 운명, 이게 즉위 초의 정조와 홍국영의 관계였다.

그런데 정조는 이 관계를 정리하기로 결정했다. 이 다음의 행보는 군주가 '간신'의 등장을 어떻게 막을 수 있는지에 대한 교과서적인 대응이다. 하나씩 정리해 보겠다.

간신의 탄생은 군주의 책임이다

첫째는 인정認定이다. 정조는 홍국영이 자신의 오른 날개에서 자신을 위협하는 '권신'이 된 이유가 자신에게 있음을 인정했다. 그것도 신하들 앞에서 공개적으로 말했다.

이는 시사하는 바가 크다. 간신이나 권신의 등장은 왕의 허락, 혹은 묵시적인 동의가 없으면 이루어질 수 없다. 집권 초 불안한 권력 기반 속에서 홍국영은 '필요악'이었다. 홍국영은 자신의 목숨을 맡길 수 있는 유일한 신하였고, 가장 믿을 수 있는 친구였다.

권신 홍국영은 정조가 만들어낸 괴물이었다. 정조는 이를 인정했다. 그것도 아주 빠르게 인정했다. 정조가 성군聖君으로 평가받는 이유이기도 하다.

둘째는 결단決斷이다. 정조는 자신의 과오를 인정한 뒤 빠르게 결론을 내렸다. 홍국영은 정조의 가장 믿음직한 신하이기도 하지만, 가장 아픈 손가락이기도 하다. 엄혹했던 세손 시절을 함께 겪었던 신하 그 이상의 존재였다. 그런 존재를 제거한다는 것이 쉬운 일은 아니다. 그러나 정조는 빨리 결단을 내렸다. 그 결과 홍국영이 특별히 국정 운영에 악영향을 끼쳤다는 기록은 찾기 힘들다.

온 세상이 두려워서 조석朝夕을 보전하지 못할 듯해 여염집에서 사사로이 말하는 자일지라도 다 그를 지신사라 에둘러 부르고 감히 그 이름을 쉽게 부르지 못했다. 그 누이가 빈이 되고서는 더욱 방자하고 무도해 곤전坤殿(중궁전)의 허물을 지적해 함부로 몰고 협박하는 것이 그지없었으나, 임금께서 참고 말하지 않았다.

《조선왕조실록》 정조 3년(1779년) 9월 26일자

그나마 찾을 수 있는 것이 사람들이 홍국영의 이름을 함부로 부르지 못하고 지신사知申事(도승지)라 하며 어려워했으며, 방약무도하게 행동했다는 부분과 그 위세가 중전을 지적할 정도가 됐다는 기록이다. 왕조 국가에서 이러한 행동은 왕의 권위를 무너뜨리는 중대한 범죄행위로 역모로 몰아가도 할 말이 없다. 하늘에 두 개의 태양이 뜰 수 없기 때문이다.

그러나 이러한 무거운 비판과는 별개로 그가 조선에 어떤 직접적인 피해를 줬는지를 살펴보면 딱히 꼽기가 쉽지 않다. 뇌물에 대해서는 당시 사회상을 고려했을 때 허용범위 안이라고 볼 수 있다. 그의 횡포로 백성들의 삶이 피폐해졌거나, 그의 권력욕에 의해 피바람이 몰아친 것도 아니다. 정조 즉위 초기에 숙청작업은 있었지만, 어디까지나 정조의 '의도'가 반영된 복수였을 뿐이었다.

홍국영이 권신에서 간신으로 넘어갈 수 있는 순간, 정조가 재빨리 그 고리를 끊었다.

셋째는 인정人情이다. 홍국영을 내치는 과정에서 마키아벨리와 같은 냉혹함 대신 정조는 인정을 선택했다. 낭만적인 접근이라고도 할 수 있지만, 집권 초의 불안한 정치기반과 개인적인 감정을 고려했을 때 정조는 홍국영을 정리하며 크게 피를 보지 않고 적당한 선에서 무난하게 처리했다고 할 수 있다. 물론 정치적 결단을 내렸을 때에는 단호하고 확실하게 처리하는 것이 합리적인 행동이겠지만, 인정을 보였기에 9월 26일의 '연기'도 가능했던 것이다.

당시 홍국영은 순순히 권력을 내려놓는 '연기'를 했고, 이에 정조가 화답했다. 덕분에 피를 보지 않았고, 정조는 홍국영이라는 권신을 무리 없이 제거할 수 있었다. 인정을 내세운 '거래'라고 해야 할까? 어쩌면 인정은 거래의 '조건'이었고, 실질적으로 존재했던 것은 냉혹한 정치적 셈법이었을지도 모른다. 만약 홍국영이 좀 더 오래 살았다면 인정이 아니라 냉혹한 처단이 기다리고 있었을지도 모르는 일이다.

정조와 홍국영의 '짧은' 이야기를 들여다보면 간신의 탄생이 어떤 식으로 이루어지는지, 또 그 책임 소재는 어디에 있는지 등에 대한 단편을 확인할 수 있다.

왕의 허락이 없으면 간신은 만들어지지 않는다. 다만 안타까운 점은 '간신'의 오명을 뒤집어 쓴 홍국영의 모습이다. 200여 년이 훌쩍 넘은 지금까지 그는 간신이란 이름에서 자유로울 수 없다. 그러나 알고 보면 그는 간신으로 넘어가기 전에 멈춰 세워진 권신에 가까운 인물이다. 그리고 그가 지금까지도 간신으로 손가락질 받는 데 대한 책임이 정조에게 있다는 것은 새삼스러울 것도 없는 사실이다. 견제 없는 권력은 필연적으로 부패해질 수밖에 없다.

김자점

왕에게는
적당히 쓸모없는
이쑤시개가
필요하다

김자점金自點에 관한 '역사적 평가'를 한마디로 정리하자면 이 정도일 것이다.

"이완용이 등장하기 이전까지 조선 역사상 최악의 간신이자 매국노"

그의 악명이 얼마나 대단했는지, 민간에서는 그를 둘러싼 수많은 전설들이 구전돼 왔다. 대표적인 것이 그의 탄생을 '지네'와 관련지은 탄생설화다. 간단하게 그 내용을 살펴보면 다음과 같다.

전라도 낙안 땅에서는 해마다 15세 가량의 처녀를 마을 어귀에 자리 잡은 당집에 제물로 바치는 전통이 있었다. 만약 제물을 바치지 않거나, 제를 지내는 데 부정을 타면 어김없이 무언가가 나타나 고을을 쑥대밭으로 만들었다. 해서 낙안 고을에서 딸 가진 부모들은 해마다 제비뽑기로 처녀를 선출해 제를 올렸다. 그런 어느 날 낙안 고을에 새 사또가 부임한다.

사또는 관원을 동원해 당집을 허물도록 지시한다. 당집을 허물던 그때, 광풍이 불면서 커다란 지네 한 마리가 나타났다. 사또는 이 지네가 처녀를 잡아먹은 악귀라 생각해 검을 뽑아 토막낸다. 그런 다음 다시 살아나지 못하도록 펄펄 끓는 가마솥에 넣어 완전히 죽인다. 그런데 한 가지 마음에 걸리는 일이 생겼다. 지네를 토막낼 때 지네의 입에서 붉은 피가 튀는 바람에 이를 뒤집어쓴 사또의 두 눈 사이에 얼룩이 지게 된 것이다. 이 얼룩은 세수를 해도 지워지지 않았는데, 몇 달이 지나 사또의 부인이 임신을 하게 되면서 지워졌다.

그럼에도 불길함은 계속 이어진다. 사또의 이마에서 사라진 대신 태어난 아이의 이마에 똑같은 얼룩이 있었기 때문이다. 정확히 사또에게 튄 지네 핏자국과 같은 위치, 같은 모양이었다. 아이의 이마에 생긴 붉은 점에는 스스로 생긴 점이라 해 자점自點, 또는 붉은 점이라는 뜻의 '자점紫點'이라는 이름이 붙었다.

사또는 이 아이가 불길하다 생각해 일부러 공부를 시키지 않았다. 그러나 아이는 영민해 스스로 찾아서 공부를 하게 되고, 급기야 과거에 급제해 영의정의 자리에까지 오른다. 그리고 역사

모든 권력은 간신을 원한다

에 그 오명을 남긴 역적이 된다.

김자점이 어떤 평가를 받는지 단적으로 알려주는 이야기다. 개중에는 사또가 김자점의 아버지가 아닌 조부인 경우도 있다. 이밖에도 김자점에 얽힌 수많은 전설, 설화 등이 전래되지만, 하나같이 좋지 않은 이야기다. 압권은 그의 가계도인데, 그의 조상은 단종 복위를 시도하던 사육신을 배신한 '김질'이다.

이 때문에 세상 사람들은 "피는 못 속인다"라면서, 김자점의 악행을 그의 집안 내력이라 정당화시켰다. 그렇다면 김자점은 과연 타고난 간신이었을까?

권력은 운이다

김자점이 권력을 '얻는' 과정을 한 단어로 정리하자면 "운運"이라고 말할 수 있다. 사람이 지위를 얻으려면 지위에 걸맞는 '능력'을 보여줘야 한다. 그러나 관료로서의 능력을 보자면 김자점은 무능력자에 가깝다.

직장에서 승진을 하려면 "묻지 말고, 말해야 한다"라는 말이 있다. 어떤 사안이 있을 때 '어떻게 할까요?'라고 묻는다면, 자리는 보전할 순 있겠지만 위로 올라가기에는 조금 부족하다. 고위 관료, 그것도 국가의 정책을 결정하는 자리에 있는 이라면 방향을 제시하고, 모험을 해야 한다. '이렇게 하면 어떨까요?', '이렇게 합시다'라고 해야 한다. 그렇게 주도적으로 결정하면 위험하지만, 위로 올라갈 수 있는 기회가 될 수 있다. 말 그대로 '위기危機'다. 위태롭기도 하지만 동시에 기회가 되기도 한다.

물론 말없이 자신의 자리를 지키며 '전문가'로 빛을 볼 수도 있다. 이 경우에는 그에 걸맞는 전문가적 지식과 경험이 필요하다. 안타깝게도 김자점에게는 이 두 가지 능력이 모두 없었다.

김자점을 폄하하는 것이 아니다. 세월을 제법 겪어본 사람들은 알 것이다. 우리가 지금 살아가는 세상은 '운'의 영향에서 벗어날 수 없다. 그가 요행수로 권력을 얻었다고 말하는 것도 아니다. 우리는 '운'이란 단어를 다시 정의해야 한다. 운이란, "노력이 기회를 만났을 때 비로소 운으로 완성되는 것"이다. 그는 여느 사람들과는 다른 '능력'을 키웠고 보이지 않는 '노력'을 했다.

김자점은 선조 21년 1588년 전라도 낙안읍에서 태어났다. 어려서부터 기억력이 비상하고 암기에 능해 일찍이 성혼成渾의 문하에 들어가 공부했다. 성혼이 누구인가? 김종직, 김굉필, 조광조로 이어지는 정통 사림파 성리학자다.

그의 운은 거기서부터 시작됐다. 다만 과거와는 인연이 없었다. 결국 그는 음서蔭敍 출사하게 된다. 즉 낙하산으로 관료인생을 시작했다. 이런 경우에는 지방을 떠돌다 관료 인생을 끝내는 게 보통인데, 그는 광해군 시절에 이미 정5품 병조좌랑에 올랐다.

이 부분을 눈여겨봐야 한다. 음서로 관직을 시작해 나름 요직이

조선 전기 사림 계보

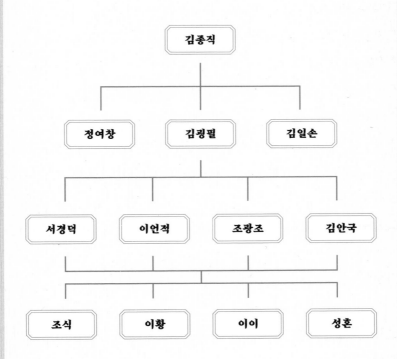

이 가운데 상당수가 문묘에 배향되는 동방 18현에 포함된다. 김자점은 성혼 문하에서 수학했으며 동문수학한 이로는 정철, 조헌 등이 있다.

라 할 수 있는 병조좌랑에 올랐다는 것은 이례적인 사례다. 게다가 여기서 또 하나 주목해봐야 하는 지점이 광해군 시절의 정국政局 지형이다. 광해군 시절의 여당은 북인이다. 그런데 서인 출신인 그가 병조좌랑의 자리에 오른 것은 상당히 특이한 경우다. 이 때문에 일각에서는 그가 광해군의 총애를 받던 상궁 김개시에게 뇌물을 먹여 그 자리에 올랐다는 의견도 제시한다.

뇌물을 먹였든 능력을 인정받았든 음서 출신인 그가 병조좌랑의 자리에 오른 것만큼은 사실이다. 그러나 광해군 정권이 계속 이어졌다면, 그가 그 이상의 자리에 올랐을지 물음표를 던질 수밖에 없다. 반복하지만 그는 음서 출신인 데다 서인이다.

그런데 여기서 또 다른 운이 그에게 다가왔다. 바로 '서궁유폐西宮幽閉'다. 광해군이 인목대비를 폐비한 다음 서궁에 유폐한 것이다. 서인들은 당연히 반발했고, 이들은 인조반정仁祖反正을 준비한다. 김자점 역시 여기에 합류한다.

김자점은 그렇게 정사공신靖社功臣 52인의 명단에 당당히 그 이름을 올리게 된다. 놀라운 것은 김자점이 일등 공신에 올랐다는 대목이다. 기록을 살펴보면 김자점이 딱히 활약했다는 대목은 보이지 않는다. 그럼에도 불구하고 아홉 명의 명단에 당당히 그 이름을 올렸다. 당시 인조반정에 큰 공을 세웠던 이괄이 이등 공신으로 밀려났고, 이게 빌미가 돼 '이괄의 난'이 일어났음을 떠올려보면 의외의 결과다. 어째서 김자점이 일등 공신에 그 이름을 올릴 수 있었을까? 일설에 따르면 그가 병조좌랑에 임명되었을 때처럼 뇌물을 써서 자신의 훈공을 포장했다고도 한다.

김자점은 어떻게 살아남았을까?

운이 언제까지고 이어질듯 했지만, 김자점의 출세가도에 먹구름이
낀다.

> 신이 생각하건대 혼인은 인륜의 시초이고 만복의 근원이라 여
> 깁니다. 조종조로부터 역적 집 자식과 혼인한 적이 없었습니다.
> 일국 안에 처녀가 얼마나 많겠습니까. 그런데 하필이면 역적 집
> 의 자식과 혼인을 정한단 말입니까.
> 《조선왕조실록》 인조 3년(1625년) 7월 28일자

윤인발은 이괄의 난과 연관이 있던 사람이다. 그리고 윤의립의
딸은 윤인발의 사촌 누이가 된다. 즉 김자점은 '윤의립의 조카가 역
적인데, 어떻게 그 딸을 세자빈으로 들이느냐'면서 인조의 결정에
반대한 것이었다. 결국 인조는 윤의립의 딸을 포기했고, 덤으로 반
대에 앞장섰던 김자점도 귀양을 보내버린다.
　여기서 운이 끝날 듯했지만, 하늘은 김자점을 버리지 않았다. 정
묘호란丁卯胡亂이 터지자, 인조는 다시 그를 찾는다. 왜 그랬을까?
　여기서 생각해봐야 하는 사건이 바로 '이괄의 난'이다. 반란을

한 번 겪은 인조는 무장들의 중용을 꺼리게 됐다. 능력이 조금 떨어져도 믿을 만한 사람을 쓰는 게 낫다는 것이다. 김자점은 정묘호란 당시 인조를 호송했다. 그 덕택으로 그는 종일품 숭정대부崇政大夫가 되었고, 뒤이어 서북방의 방어 책임자인 도원수都元帥 자리에 오르게 된다.

인조의 실수이자, 조선의 악몽은 이렇게 시작되었다.

병자호란丙子胡亂과 이어지는 삼전도의 치욕은 김자점 때문에 일어났다고도 할 수 있다. 이러한 진단은 당시 여론도 마찬가지였다.

적병이 강을 건넌 뒤로 어느 한 곳도 막아내지 못한 채 적을 깊이 들어오도록 버려둠으로써 종묘 사직이 파월하고 거가가 창황하게 만들었습니다. 이는 국가의 큰 변란이요, 신민의 지극한 고통이니, 어찌해야 한단 말입니까. 도원수 김자점, 부원수 신경원申景瑗, 평안병사平安兵使 유림柳琳, 의주 부윤義州府尹 임경업林慶業을 모두 율律대로 정죄하도록 명하소서.

《조선왕조실록》인조 14년(1636년) 12월 15일자

당시 김자점의 휘하에는 최정예 함경도군을 포함해 수만의 정예군이 있었다. 그러나 김자점은 상황을 파악하지 못했다. 청 군대가 코앞까지 닥쳐왔지만 이들이 한양으로 달려가는 것을 쳐다만 봤고, 남한산성이 포위되었을 때 청 군대의 배후를 칠 수도 있었지만 움직이지 않았다. 몇 번의 접전이 있기는 했으나 청군의 위세에 눌

려 지지부진했다. 조선 최정예 병력이 손 놓고 있었다는 것이다.

병자호란이 끝나자 조정 대신들은 패배의 원흉인 김자점을 처벌해야 한다고 목소리를 높였고, 결국 김자점은 귀양을 가게 된다. 놀라운 사실은 나라를 거덜낸 김자점이 얼마 뒤 다시 복귀했다는 대목이다. 그리고 계속 승승장구해 마침내 영의정 자리에까지 올라가게 된다. 능력도 없는 김자점이 어떻게 이렇게 됐을까?

'왕'이란 이름의 태생적 불안함

인조는 무능력과 실패로 점철된 김자점을 왜 총애했을까? 그 단편을 확인할 수 있는 기록이 있다.

> 김자점이 아뢰었다. "법전을 참고하고 고사를 상고해 보면 강씨가 살아남을 리가 없는데도 논의가 이와 같으니 진실로 이상한 일입니다. 이행원 등이 직접 이 하교를 들었으니 어찌 정계停啓하지 않겠습니까."
> 상이 또 김자점에게 이르기를 "조정 신하들이 내 말을 사실이 아닌 것으로 생각하니 몹시 부끄럽게 여긴다" 하니, 김자점이 아뢰기를 "승지와 사관이 모두 여러 차례 입시해 직접 하교를 들었으니 반드시 그 실상을 알 것입니다" 했다.
> 《조선왕조실록》 인조 24년(1646년) 3월 13일자

소현세자의 의문의 죽음 이후 인조는 자신의 속내를 확실히 내비친다. 원래대로라면 소현세자의 장남인 석철이 뒤를 이어 세손이 되어야 한다. 그러나 인조는 이를 무시하고 봉림대군(훗날 효종)을 세자 자리에 앉힌다. 왕조국가에서 왕권의 정당성은 왕위 승계의 정통성에서 나온다. 인조는 정통성을 훼손하면서까지 소현세자의 흔적을 지우려 했다. 이 무리수에 앞장선 이가 바로 김자점이다.

인조가 김자점을 곁에 두고 아꼈던 이유는 간단했다. '필요해서'였다. 인조는 김자점 같은 이가 절실하게 필요했다. 이유를 하나씩 살펴보고자 한다.

조선이란 나라를 넘어 왕조국가에서 왕과 신하들의 관계는 일정 수준 이상의 긴장관계로 형성되곤 했다. 왕조국가에서 비정상적인 정권 교체는 곧 누군가의 죽음을 의미한다. 만약 왕이 자발적 의지에서가 아니라 타인의 강압에 의해 왕위에서 물러난다면, 그 왕의 목숨은 끝났다고 보는 게 옳다. 한 발 더 나아가 왕조 자체가 교체된다? 이 경우에는 이 왕조의 구성원들 전체가 위험해진다. 역사를 찾아보면 왕을 죽인 이의 상당수는 '신하'들이었다.

왕의 밑에서 고개를 조아린 이들이지만, 여차하면 왕의 목에 칼을 들이밀 수 있는 존재가 신하다. 특히나 군신공치君臣共治를 말하며 왕의 권한을 제한하려 했던 조선시대 사대부와 왕의 관계는 기본적으로 긴장관계에 있을 수밖에 없다. 이런 상황에서 왕에게는 자신만을 바라보는 총신이 필요했다.

총신에게 가장 중요한 덕목은 능력이 아니라 절대 배신하지 않

삼전도비

청 조정은 항복한 조선에게 자신들의 승리를 기록한 조형물을 세울 것을 요구했다. 이에 오늘날 송파구 석촌호수 자리인 삼전도에 '대청황제공덕비大淸皇帝功德碑', 이른바 삼전도비가 세워졌다. 사적 제101호.

인조는 친명배금을 명분으로 무리하게 왕이 되었다. 이 때문에 동아시아의 질서가 재편되는 시기에 유연한 판단을 내리지 못했다. 자질을 의심받는 군주가 수단과 방법을 가리지 않고 자신의 정통성과 권위를 다시 세워줄 존재를 찾는 것은 당연하다.

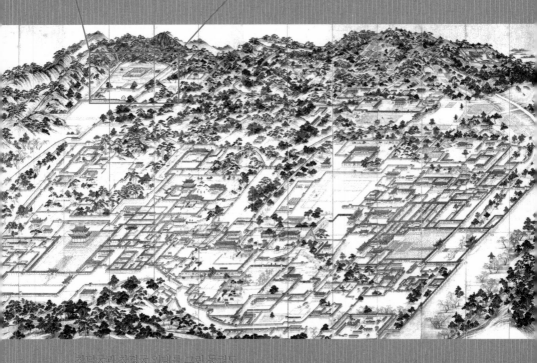

창덕궁과 창경궁 일대를 그린 동궐도

는다는 신뢰다. 능력 있고 믿음직한 신하면 더 좋지 않느냐고 반문할 수 있지만, 그런 신하는 거의 없다고 할 수 있다. 설령 존재한다고 하더라도 반대로 왕이 신하를 믿지 못하게 된다. 너무 뛰어난 신하는 임금의 불안감을 부추길 뿐이다.

대표적인 예가 유방을 황제로 만든 한신韓信이다. 《사기史記》 '회음후열전淮陰侯列傳' 편을 보면 괴철蒯徹이 한신에게 천하삼분의 계책을 말한다. 항우와 유방 사이에 또 다른 세력을 만든 다음 천하를 도모하자는 것이었다.

한신은 제안을 거절했다. 그리고 천하가 유방 손에 들어온 뒤 거절의 대가를 치르게 된다. 한신은 유방 손에 죽는다. 토사구팽兎死狗烹의 적확한 예라 할 수 있을까? 이에 대한 조선 왕의 평가는 어떠했을까? 인조의 아들 효종의 말에서 그 일면을 확인할 수 있다.

한 고조가 한신을 죽인 까닭은 혜제惠帝가 어리고 약했기 때문에 후환이 있을까 염려해 그랬던 것이다. 만약 혜제도 문제文帝처럼 영명했다면 한신 등을 죽이지는 않았을 것이다.

《조선왕조실록》 효종 1년(1650년) 7월 28일자

왕조국가의 속성을 여지없이 보여준 이야기다. 한 고조, 즉 유방은 맨손으로 창업을 이뤄낸 능력자다. 설령 알려진 만큼의 능력이 없더라도 환란의 시기를 겪은 '경험'이 있었다. 이 때문에 한신이 반란을 일으켰다고 하더라도 수습이 가능했겠지만, 그의 아들 혜제는 이런 큰 문제를 감당할 만한 역량이 안 됐다는 지적이다.

너무 뛰어난 신하의 운명이 어땠는지는 한나라를 창업하는 데 결정적인 공을 세운 세 영웅, 한초삼걸漢初三杰인 소하, 장량, 한신의 뒷이야기를 보면 알 수 있다. 한신은 끊임없이 역모의 의심을 받았고, 이 때문에 자신의 옛 친구인 종리매의 목을 한 고조에게 바쳐야 했다. 장량은 최고의 전략가답게 한이 건국된 뒤 정치에 관여하지 않아 그 목숨을 보전했고, 소하는 유방의 의심을 피하기 위해 자신의 평판을 떨어뜨리기 위한 노력을 다 했다.

너무 뛰어난 신하는 그 자체로 왕에게 위협이 된다. 왕은 한 명이고, 신하는 셀 수 없을 정도로 많다. 신하들이 작당모의를 한다면 왕은 채 손도 써보지 못하고 죽을 수밖에 없다. 때문에 왕에게 '의심'은 일상이다.

인조도 평범한 왕이었다.

인조의 사정, 권위의 부재

인조는 반정反正으로 왕위에 오른 인물이다. 중종처럼 얼떨결에 신하들의 등에 올라타 왕이 된 것이 아니라 계획 단계에서부터 반정에 참여해 일정 수준 이상의 '지분'을 가지고 있었다. 그렇다고 해서 신하들 위에 설 수 있었던 것도 아니다. 인조 시기 조정은 서인들의 힘을 빌려 왕권을 차지한 인조와 서인 간의 연합정권이라고 할 수 있었다.

그러나 인조가 즉위한 이후의 행보는 끝없는 '권위의 추락'이었다.

전제왕조국가에서 왕은 끊임없이 자신의 정통성과 권위를 내보여야 한다. "왕후장상의 씨가 따로 있나?" 왕에게는 이보다 더 무서운 말이 없다. 다 똑같은 사람인데, 왜 당신만 왕이 될 수 있는가? 이 질문에 반박하기 위해 왕은 끊임없이 왕권의 정당성을 말하고, 왕조의 권위를 높이려 애썼다. 궁중예절로 불리는 수많은 격식과 전통을 창조해낸 까닭도 여기에 있다. 당장 왕에 대한 극존칭들을 떠올려보자.

그런데 인조는 즉위 초부터 이 '권위'를 잃기만 했다. 대표적인 사례를 몇 가지 설명해 보겠다.

첫 번째, 친명배금親明排金(명과 친하게 지내고 금을 배척한다)을 기치로 내세워 반정에 성공했지만, 정작 명明으로부터는 이를 인정받지 못했다. 인조가 반정에 성공한 뒤 이를 명에 알리자, 명에서는 인조를 쫓아내고 광해군을 다시 왕위에 앉히자는 논의가 나올 정도였다. 대내적으로 명분 없는 쿠데타 세력들은 언제나 대외적으로 쿠데타의 정당성을 얻으려 했는데, 명에서 인조를 인정해준 때는 인조가 왕위에 오른 지 2년이 훌쩍 지난 뒤였다. 대내적으로도 대외적으로도 인조의 쿠데타는 인정을 받지 못했다.

두 번째, 정묘, 병자호란이라는 두 차례의 전란을 겪었다. 여기에 대해서는 더 설명을 보탤 필요가 없을 것이다. 오랑캐로 여겼던 청에게 패배한 것도 모자라 인조는 청 황제 앞에서 삼배구고두三拜九

叩頭(한 번 절할 때마다 세 번 머리를 땅바닥에 찧는 것)란 치욕을 당해야
했다. 조선 역사상 최악의 치욕이었다.

세 번째, 이괄의 난을 비롯한 역모들이 줄을 이었다. 이 역시도
인조의 '권위'에는 치명타였다. 특히나 이괄이 들고 일어났을 때 인
조는 충청도 공주 땅으로까지 피난길에 올라야 했다.

이런 상황에서 소현세자에 대한 인기가 올라갔으니 인조는 불안
할 수밖에 없었다. 불안한 인조는 자기를 지켜주고, 자기를 위해 짖
어줄 자신만의 개가 필요했다. 문제는 이 '개'의 조건이었다. 충성
스럽고 사나우면서도 자신에게 이를 드러내지 않아야 하고 무엇보
다 자신이 쉽게 다룰 수 있어야 했다. 그러기 위해서는 다음과 같은
네 가지가 없어야 했다.

생각이 없어야 하고,
인망이 없어야 하며,
능력이 없어야 하고,
만족을 몰라야 한다.

간신의 조건, 왕에게 필요한 쓸모없는 신하

충성이란 개념은 선악의 개념이 아니라 이익의 개념으로 접근해야
한다. 겉으로는 고매한 이상과 신념을 말하지만, 냉정하게 말해 인

간관계의 구성요소는 서로간의 '이익'이다. 월급을 받지 못하는데 공무원이 되고 싶은 사람이 있을까? 투철한 애국심과 봉사정신을 가진 몇몇은 기꺼이 나랏일을 하겠다고 지원하겠지만 대다수의 사람들은 포기할 것이다. 고매한 이상을 가진 극소수의 사람들, 특수한 인간관계를 제외하고 일상에서의 '충성'은 상호간의 이익이 확보됐을 때에만 작동된다.

뜬구름 잡는 충성보다는 현실적인 이익의 거래와 이를 담보로 한 '계약'이 안정적이고, 또 예측 가능하다. 우리가 역사에서 찾을 수 있는 수많은 '무능력자'들의 상당수는 이런 관계로 선택을 받아 역사에 그 이름을 남겼다고 보는 게 맞다. 그렇다면 이 네 가지 조건들은 어떻게 해서 나온 것일까?

첫 번째, 생각이 없어야 하는 까닭은 그래야 다른 생각을 품지 않기 때문이다. 이괄의 난 같은 경우야 불가항력적인 면이 일정 부분 있었지만, 뒤에 일어난 심기원沈器遠의 역모는 인조에게 큰 타격이었다. 역모의 사실 여부를 떠나 소현세자를 왕위에 앉혀 나라를 일신하겠다는 구상은 그 자체로도 충격이었지만, 더 큰 충격은 심기원이 반정 일등 공신이었다는 점이다.

군주에게 생각이 많아 결국 '딴 생각'을 품는 신하는 위험요소일 뿐이다. 왕조의 안정, 나라의 대계와 같은 고매한 이상을 말하고, 이를 위해 고민하는 신하는 충신이다. 그러나 이 '고민'이 왕을 배제하는 것이라면 어떨까?

'너의 목숨으로 세계 평화를 지킬 수 있다.' 이 말에 선뜻 자기 목숨을 내놓을 사람이 몇이나 될까? 암에 걸려 병상에 누워 있는 친구의 고통보다 내 손가락에 박힌 가시의 통증을 더 고통스럽게 생각하는 것이 사람이다. 인조 또한 사람이었다.

두 번째, 인망이 없어야 하는 것도 마찬가지다. 인망이 있으면 주변에 세력을 만들고, 이 세력은 더 나은 국익이라는 명분으로 '다른 생각'을 품게 만드는 촉매제가 될 수 있다. 그러나 왕이 자신의 의도대로 국정을 장악하기 위해서는 함께 끝까지 갈 수 있는 순장殉葬조가, '다른 생각'이 아닌 왕의 생각을 관철하기 위해 주변으로부터 쏟아질 손가락질을 대신 받아줄 수 있는 신하가 더 간절하다.

세 번째, 왕을 뒷받침하기 위해서는 어느 정도 능력이 있어야 하지만 동시에 어느 정도는 능력이 없어야 한다. 능력이 과하면 한신과 같은 입장이 된다. 적당히 쓸모는 있되 왕을 위협할 정도의 능력은 가지지 않는 자가 이용하기 적당하다.

마지막으로 만족을 모르고 욕심이 많은 자, 이게 네 가지 중에서도 결정적인 조건이다. 자신의 능력이 부족하고, 인망이 없으며, 생각이 없다면 촌부로 여생을 보내면 된다. 그러나 욕심이 있다면 자신의 분수를 넘어서는 것을 탐한다. 이 경우 대부분의 사람들은 몇 번 시도하다 포기하지만, 욕심이 목 끝까지 차오른 이들은 어떻게든 비정상적인 방법을 찾게 된다.

세상은 등가교환의 법칙으로 움직인다. 무언가를 얻으려면 그에 합당한 대가를 지불해야 한다. 능력이 없는데 욕심이 많은 자들은 사회통념상 꺼리는 일들, 예를 들면 신념이나 윤리, 자존심 등 형이

상학적인 가치를 포기하는 경우가 많다. 다시 말해 능력이 없음에도 욕심을 채우려는 이들은 결국 당대의 상식이나 윤리관을 뛰어넘는 행동을 할 수 있는 이들이다. 목적을 이루기 위해 온갖 더러운 일을 할 수 있다는 것이다.

이런 모든 조건들을 고려한 결과 인조는 김자점을 낙점했다.

김자점 성공의 비결, 사람에게 충성하라

김자점이 성공할 수 있었던 까닭은 인조라는 '운'을 만나서이기도 했지만, 운은 앞에서도 말했듯이 노력이 기회를 만난 결과다. 김자점도 노력을 했다. 노력했기에 인조의 눈에 띈 것이다. 그렇다면 김자점은 도대체 어떤 노력을 했던 것일까?

첫째, 인맥 형성과 관리다. 한국사회가 어떻게 돌아가는지를 확인하기 위한 가장 쉬운 방법은 '혼맥婚脈'을 살펴보는 것이다. 재벌가의 결혼 대부분은 같은 재벌가가 아니면 정계, 학계 인사들과 이뤄진다. 혼자서는 성공하기도, 또 이 성공을 관리하기도 힘들다. 함께할 이들이 끌어주고 당겨줘야 성취도 수월하게 얻을 수 있다.

남다른 능력과 노력으로 성공할 수도 있지만, 여기에 인맥이 더해진다면 더 큰 성공, 더 쉬운 성공을 기대할 수 있는 것이 우리 사회다. 김자점은 이 인맥 형성과 활용에 탁월했다. 광해군 시절 김개시에게 뇌물을 먹인 것이나 인조반정 이후 논공행상 과정에서 손을 쓴 점 등이 특히 주목해야 하는 부분이다. 뇌물은 쉽게 건넬 수 있는 것이 아니다. 그 대상이 되는 이가 일면식도 없는 자의 돈을 덥석 받는 경우는 없기 때문이다. 사전에 치밀하게 관계를 닦아 놓았기 때문에 뇌물도 쓸 수 있는 것이다.

김자점의 인맥 관리에서 압권은 그의 손자가 소용 조씨의 딸 효명옹주와 결혼하면서였다. 소용 조씨는 인조의 총애를 받던 후궁이며, 그의 딸 효명옹주 또한 마찬가지로 아버지인 인조의 사랑을 독차지했었다. 그들과 혼맥을 맺음으로써 인조와 사돈 간이 된 셈이다. 이제 김자점에게 거칠 것이 없어졌다.

둘째, 맹목적인 충성이다. 자신을 밀어줬던 김류가 민회빈 강씨를 죽이는 데 반대하자, 그는 김류마저 버렸다. 그는 오로지 인조만 생각했다. 능력도 없고, 인망도 없는 그에게 있어 기댈 곳은 인조밖에 없었다. 때문에 그는 인조가 원하는 모든 것을 해줬다. 민회빈 강씨를 죽였고, 봉림대군을 세자로 책봉하는 데 힘을 실었다.

그는 살아남기 위해 음모를 꾸미고 배신을 생활화했다. 어쩌면 그가 권력을 잡은 이유는 그의 생존본능 때문인지도 모른다. 기회를 잘 살피고, 이때다 싶으면 거추장스러운 명예, 자존심, 인간관계 등을 버리고 날것 그대로 '왕'이 원하는 대로 움직였다. 그렇기에 그는 살아남았고, 권력을 쥘 수 있었다.

능력도 없고, 인망도 없는 그가 영의정의 자리에 오를 수 있었던 비결은 바로 여기에 있었다.

간신배의 예정된 몰락

김자점의 몰락은 예상 가능한 것이었다. 인조 한 명만을 바라본 권력이었기에 인조가 사라지면, 그 권력도 사라질 거란 것임은 누구라도 예측 가능했다. 인조가 살아 있을 때에는 백성들의 신망을 받던 임경업 장군을 죽이면서 악명을 쌓아도 문제가 없었다. 그러나 인조가 죽은 뒤라면 어떻게 될까? 몰락은 의외로 빨리 찾아왔다.

> 영의정 김자점은 원훈대신으로 선조先朝의 지우知遇를 입어 총애가 비할 데 없었으니 힘과 충성을 다해 보답하기를 생각해야 마땅함에도 … 대단한 권세로 조정을 유린해 관원들을 마치 노예처럼 꾸짖고 모욕합니다. 국가를 저버리고 거리낌 없이 방자한 그의 짓거리를 모두가 좋지 않은 눈으로 보고 있음에도 오히려 존귀한 수상首相의 자리를 차지하고 앉아 맑고 깨끗한 정치에 누를 끼치고 있으니 여정輿情이 분해 하며 침을 뱉지 않는 이가 없습니다.
>
> 《조선왕조실록》효종 즉위년(1649년) 6월 16일자

인조가 죽자마자 대간들의 탄핵상소가 쏟아졌다. 김자점은 인조의 총신에서 희대의 간신으로 추락했다. 그리고 강원도 홍천으로 귀양길을 떠나게 된다.

대부분의 신하들은 이런 경우 유배지에서 제자를 기르거나 하면

서 때를 기다린다. 조선에서 벼슬살이를 하기 위해서는 귀양 한두 번은 기본으로 하는 것이고, 시간이 흐르다 보면 귀양이 풀리거나 조정에 복귀할 수 있기 때문이다. 그러나 김자겸은 그런 희망의 빛이 도통 보이지 않았다. 이미 '간신'으로 낙인이 찍혔고, 그 스스로도 자신이 어떤 위치인지 너무 잘 알고 있었다.

결정적으로 효종 정권이 언제까지 이어질지 예측할 수 없었다. 효종은 김자점을 받아들이는 순간 정권의 정당성이 송두리째 날아갈 수 있었다. 이유는 크게 두 가지다.

첫째, 대외정책이다. 김자점은 친청파였다. 그가 유배를 당하자 청에서는 그가 왜 파직됐는지에 대해 사신들에게 따질 정도였다.

자점은 큰 공이 있는 사람으로 전왕이 믿고 중히 여긴 자다. 그리고 상국에도 정성을 바쳤는데, 이제 갑자기 쫓아냈다. 새로운 사람들과 무슨 일을 하려고 하는가? 사신이 끝내 주장한 자를 바른 대로 말하지 않으니, 이는 부사와 서장관도 필시 그 사이에 간여한 것이다. 우리들이 가서 조사해야 하겠다.

《조선왕조실록》효종 1년(1650년) 3월 1일자

이 때문에 사은사로 갔던 조선 사신단이 잠시 구류되기까지 했다. 인조의 뒤를 이어 즉위한 효종 또한 인조와 비슷하게 정통성이 부족했다. 원래 그의 자리에는 그의 형이나 조카들이 앉는 것이 더 그럴 듯했다. 다만 효종은 자신의 부족한 정통성을 보충하기 위해 '북벌'이라는 명분을 꺼내들었다. 친청파인 김자점과는 결이 달랐다.

둘째, 왕권의 정당성 확보다. 인조가 소현세자를 '고의로' 죽였는지에 대해서는 의견이 분분하다. 심증은 확실하지만, 물증이 없기 때문이다. 그러나 김자점이 민회빈 강씨를 죽인 것은 너무도 명백하다. 김자점이 앞장서 강씨를 죽음으로 몰고 갔다.

문제는 효종의 정책방향이다. 부족한 정통성을 보강하기 위해 그는 북벌을 말하며 산림세력들을 끌어들이려 애썼다. 양송兩宋이라 불리던 송시열과 송준길을 데려오기 위해 효종이 얼마나 공을 들였던가. 문제는 산림세력이 명분을 최우선으로 삼았다는 것이다. 산림은 청에 대해서는 기본적으로 복수설치復讐雪恥(복수해 치욕을 씻어내다)를 말하고, 왕위의 정당성에 대해 예민하게 반응하는 이들이다. 이들에게 김자점은 말 그대로 간신배였을 뿐이다.

이러다 보니 효종은 김자점을 내칠 수밖에 없었다. 만약 그를 곁에 둔다면 북벌의 정당성이 훼손되는 것은 물론이고, 잘못됐다간 왕위를 노려 민회빈 강씨의 죽음에 관여한 것으로도 오해받을 수 있기 때문이다. 산림을 끌어들여 정권의 안정성을 찾으려는 효종으로선 당연히 버려야 할 인물이었다.

상황이 이렇게 돌아가자 김자점은 살아남기 위해 최후의 승부수를 던지게 된다.

김자점 최후의 승부수, 매국노로의 변신

김자점은 역관 이형장을 시켜 청에 조선의 북벌 계획을 밀고했다. 덤으로 인조의 능지문에 청의 연호가 아니라 명의 연호가 쓰인 것도 알렸다. 청 조정은 발칵 뒤집혔고, 이에 조선은 황급히 영의정 이경석을 비롯한 중신들이 나서서 사건을 서둘러 진화했다. 만약 소동이 좀 더 커졌다면 조선은 정묘, 병자에 이른 세 번째 호란을 맞이했을지도 모른다. 당시 청은 병력을 준비하고 있던 상황이었다.

당시 김자점이 어떤 일을 꾸몄는지에 대해 그의 역모와 연결해 생각하면 이해가 빠를 것이다.

김자점은 공초(진술)하기를 '비록 조정에 죄를 지어 멀리 쫓겨났지만, 내 손자가 일단 옹주에게 장가들었고 두 아들이 각자 교우관계를 맺고 있는 이상, 안과 밖에서 서로 호응하면 일이 쉽게 이루어지리라 여겼다. … 기일을 정해 군사를 일으키기로 했는데, 마침 분산되었기 때문에 즉시 계획대로 행하지 못한 것이다. 항상 생각하기에 시간을 끌면 모의가 누설되고 말 터이니 차라리 단번에 결판을 내야겠다고 여겨 … 어쩔 수 없이 주저하다가 마침내 낭패를 당하고 말았다. … 김세룡, 김세창, 김정, 변사기, 기진흥, 안철, 이효성, 조성로, 이두일, 정계립 등의 공초를 보건대 한 입에서 나온 것처럼 모두들 김세룡을 장차 추대하기로 했다고 한 데 반해 김세룡 부자의 공초만은 숭선군崇善君을 추대하기로 했다'고 말했습니다.

《조선왕조실록》효종 3년(1652년) 3월 4일자

기록에 따르면 김자점은 청을 등에 업고 세 번째 호란을 일으켜 효종과 그 세력들을 제거하고, 적당한 왕족 그러니까 소용 조씨의 큰아들인 숭선군을 왕위에 앉힐 구상을 했었다. 그러나 그 이면에는 역성혁명의 이야기가 깔려 있었다. 바로 자신의 손자인 김세룡을 추대하겠다는 것이었다. 숭선군은 정변을 일으킬 때까지만 쓰는 '얼굴마담' 같은 입장이었을지도 모른다.

이들의 진술을 어떻게 해석하든 김자점이 역모를 준비한 자체는 사실이다. 그것도 효종이 국시로 건 북벌의 적국인 청의 힘을 빌려서 준비했으니 '매국노'라 불려도 할 말이 없다.

그와 그의 집안은 매국노의 이름에 걸맞은 '몰락의 길'을 걷게 된다. 그와 그의 아들들은 전부 처형당하고, 측근들은 모두 몰락했다. 사돈이자 인조의 총애를 받았던 소용 조씨는 사약을 받았고, 손자며느리인 효명옹주도 섬으로 유배를 갔다. 가족들 가운데 여성은 모두 노비가 되었고, 심지어 이미 죽은 이들까지 처벌을 받았다. 그의 아버지를 비롯해 선산에 같이 묻혀 있던 조상들의 묘들도 모두 파헤쳐진 다음 부관참시를 당한 것이다.

그의 욕심이 끝나는 순간이었다.

그러나 김자점의 잘못일까?

공동체의 일원으로서 김자점의 행동은 분명 잘못된 선택이다. 간신으로 불려도 할 말이 없다. 그러나 김자점 개인으로 봤을 때는 지극히 합리적인 선택이었고, 당연한 결과였다. 권력을 원했기에 이를 얻기 위해 할 수 있는 모든 수단과 방법을 찾았다. 능력이 부족했기에 뇌물을 썼고, 주변인들을 모함했으며, 왕의 입맛에 맞게 사람들을 죽였다.

사람의 '욕망'이란 대부분 비슷비슷하다. 그 욕망을 채울 수 있는 기회가 주어진다면 대부분은 붙잡을 것이다. 물론 아닌 경우도 분명 존재한다. 결정적인 선택의 순간에서 당대의 보편타당한 윤리관과 상식으로 욕망을 억누르고 자신보다 공동체를 먼저 생각하는 이들이라면 기꺼이 사회의 공리公利를 좇았을 것이다.

그러나 진정으로 그런 대의를 선택한 사람들은 역사적으로도 몇 되지 않았다. 그렇기에 역사에 이름이 기록되고, 후대의 추앙을 받는 것이다.

김자점은 그 정도가 지나쳤을 뿐이지 우리 주변에서도 흔히 볼 수 있는 사람이다. 능력이 부족하지만 욕심은 많은 사람. 공동체보다 개인에게 충성했던 사람. 대의보다 스스로의 욕망에 충실했던 사람. 그게 김자점이다.

물론 김자점은 공적인 자리에 앉기에 '그 정도가 지나칠 정도'로 욕심이 많은 사람이다. 그러나 김자점을 둘러싼 비판에서 보다 본질적인 문제는 이렇게 자격이 부족한 김자점이 공적인 자리에 올랐다는 자체, 즉 김자점에게 권력을 쥐어 준 인조에게 제기해야 한다.

인조는 자신의 권력을 지키기 위해 김자점이란 간신을 만들어냈다. 인조가 없었다면, 김자점은 없었다. 만약 인조가 반정으로 왕이 되지 않았다면, 두 번에 걸친 호란에서 패배하지 않았다면, 패배했더라도 삼전도의 치욕을 겪지 않았다면 김자점과 같은 인물은 필요치 않았을지도 모른다.

그러나 인조는 반정으로 왕이 됐고, 전쟁에서 패했으며, 청 황제 앞에서 머리를 찧었다. 왕으로서 위엄을 잃어버리고 그 능력을 인정받지 못했을 때 왕의 권위는 추락한다. 권위가 추락한 왕은 왕의 자리를 지키기 힘들다. 이럴 경우 어떻게 해야 할까? 나라와 백성을 생각한다면 자리에서 물러나야 하겠지만, 굶어죽을 위기에 처한 먼 나라 아이의 고통보다 한 끼를 거른 내 뱃속의 허기를 더 아프게 느끼는 것이 사람이다.

인조는 나라보다 자신을 먼저 생각했고, 그 결과 김자점이란 간신을 곁에 둬 자신의 자리를 지켜냈다. 과연 누가 더 나라에 해로운 존재였던 것일까?

윤원형

성공하기 위해
미쳐야 했던
보통사람

"윤원형이 사림들을 풀 베듯 죽이며 흉악한 짓을 있는 대로 다했
는데, 오래도록 천벌을 면하더니 금일에 이르러 마침내 핍박으
로 죽으니, 조야가 모두 쾌하게 여겼다."

"전대의 권간으로 그 죄악이 하늘까지 닿기로는 윤원형 같은 자
가 드물 것이다."

"기타 흉악한 죄들은 머리털을 뽑아 헤아린다 해도 다 셀 수가
없다."

모두 윤원형尹元衡의 《졸기》에서 발췌한 기록들이다. 당대 유학

자들이 윤원형을 어떻게 바라봤는지 여실히 드러나는 대목이다. 이들에게 윤원형은 "국정을 농단한 희대의 간신"이었다. 여기서 중요한 점은 윤원형이 권력을 잡은 배경이다. 윤원형을 이야기할 때 빠지지 않는 이가 바로 문정왕후文定王后다. 시쳇말로 문정왕후가 없었다면 윤원형은 권력을 잡을 수 없었을 것이다. 그렇기에 윤원형에 대해 말하려면 먼저 문정왕후에 대해 알아볼 필요가 있다.

문정왕후, 그리고 수렴청정

문정왕후가 권력을 잡을 수 있었던 계기는 수렴청정垂簾聽政이다. 그렇다면 이 수렴청정은 왜 하는 걸까? 수렴청정의 사전적 의미를 확인해 보면 바로 답이 나온다.

"나이 어린 왕이 즉위했을 때 성인이 될 때까지 일정 기간 왕대비나 대왕대비가 국정을 대리로 처리하던 일."

그렇다. 너무 어린 나이에 왕위에 오른 왕을 대신해 그 어머니나 할머니가 나라를 다스리는 것이 수렴청정이다. 한국사상 최초의 수렴청정은 《삼국사기》에서 찾을 수 있다. 7세로 즉위한 고구려 6대 태조왕을 대신해 태후太后가 섭정을 했다고 전한다.

그렇다면 조선왕조 최초로 수렴청정을 한 기록은 언제였을까?

바로 8대 예종睿宗이다. 조선이 개국한 뒤 70여 년이 흐른 1468년이 돼서야 조선 최초로 수렴청정을 경험한 왕이 나온 것이다. 그러나 예종은 세자 시절부터 5년 가까이 조계에 참여하는 등 이미 충분한 정치적 경험을 쌓았고, 원상院相(원임, 시임의 재상들이 어린 왕을 보좌해 국정을 의논함)들이 있었으며, 즉위 당시 나이 또한 당시에는 아주 어리다고만 볼 수 없는 열아홉이었기에 수렴청정의 의미는 많이 퇴색됐다. 여기에 짧은 재위기간 덕분에 실질적인 수렴청정은 9대 성종成宗부터라고 보는 것이 맞을 것이다. 13세의 어린 나이로, 그것도 비정상적으로 왕위에 오른 성종으로서는 수렴청정이 절대적으로 필요했다.

여기에서 이런 질문을 할 수 있다. "성종보다 더 어린 열두 살에 즉위한 단종도 있었는데, 단종은 왜 수렴청정을 안 한 것인가?" 이에 대한 해답은 앞에서 언급한 수렴청정의 정의를 보면 찾을 수 있다.

수렴청정을 하기 위해서는 두 가지 조건이 맞아떨어져야 한다. 첫 번째, 국정을 운영할 수 없을 정도로 어린 나이에 왕위에 올라야 한다. 두 번째, 그 어린 왕을 대신해 국정을 운영해 줄 왕대비나 대왕대비가 있어야 한다. 그런 의미로 단종은 중요한 필요충분조건 가운데 하나가 빠져 있었다. 단종에게는 국정을 대신 맡아 줄 어머니나 할머니가 없었던 것이다. 어머니인 현덕왕후 권씨는 단종을 낳고 3일 만에 산후병으로 죽었고, 할머니 소혜왕후 심씨는 남편인 세종보다 4년이나 일찍 죽었다.

그런 의미로 성종은 축복받은 가정환경에서 즉위했다고 할 수 있다. 할머니인 정희왕후 윤씨, 숙모인 안순왕후 한씨, 어머니인 소혜왕후 한씨까지 3명의 대비에 둘러싸여 있었으니, 열셋 어린 나이로 왕위에 올랐더라도 단종과 같은 생명의 위협이나, 정치적 부담으로부터는 자유로웠을 것이다.

수렴청정이라는 것이 정상적인 통치활동이라고 말할 수는 없다. 왕위 계승자가 정치적으로 성장하는 것은 고사하고, 생물학적으로도 미성숙한 상태에서 왕위에 올라앉는 비정상적인 상황을 타개하기 위해 고육책으로 나온 것이 수렴청정이다.

태생부터가 비정상적인 통치형태이기에 수렴청정을 진행해 나가면 필연적으로 문제가 생길 수밖에 없었다. 어찌어찌 수렴청정을 시작해 권력 누수를 막아내고 왕조국가의 틀을 유지했다고 하더라도, 그 다음으로 이어지는 과정은 직접 권력을 휘두르는 대비의 친정식구들이 저지르는 권력 농단인 경우가 많았다. 아무리 대비라 하지만, 유교사회에서 여성이 제대로 정치를 제어하기에는 어려움이 따랐기에 그 빈틈을 외척들이 치고 들어온 것이다.

이런 상황에서 어린 왕이 나이를 먹어 성인이 되면 다시 한 번 정치적으로 풍파가 일어나는데, 바로 왕의 친정親政(직접 정사를 다루는 것) 논의다.

"권력은 아들과도 나누지 않는다"라는 권력의 속성을 굳이 언급하지 않더라도, 한 번 권력에 맛을 들인 사람이 그 권력을 놓는 것은 쉬운 일이 아니다. 수렴청정을 하는 대비 본인이 선선히 물려주고 싶은 생각을 가지더라도 그 주변에서 권력의 단맛을 빨았던 이들의 생각은 다르기 십상이었다.

여기서 우리가 주목해야 할 것이 하나 더 있다. 바로 조선이 유교사회라는 점이다. 유교사회에서 으뜸으로 치는 미덕은 바로 효孝다. 왕과 수렴청정 실행자의 관계는 모자관계가 아니면, 할머니와 손자의 관계였다. 생물학적인 관계가 이어지지 않으면 법적으로라도 이었다. 이런 관계 속에서 효를 거슬리지 않으면서 권력을 주고받는다는 것이 얼마나 복잡다단한 일이겠는가? 필연적으로 잡음이 들릴 수밖에 없는 구조였다.

이렇게 힘겹게 권력을 되찾아왔다고 모든 문제가 끝나는 것도 아니었다. 그동안 어머니나 할머니의 정치색이 깊게 들어가 있는 조정을 쇄신하고, 국정을 농단했던 인물들을 처리하는 골치 아픈 문제가 왕을 기다리고 있기 때문이다.

왕자가 있는데 왕자가 또 태어났다

명종이 즉위한 뒤 8년은 명목상 명종이 통치한 시기지만, 실질적으로는 여왕이 통치한 시기라는 말이 나올 정도였다. 드라마의 단골 소재로 등장하는 문정왕후는 실제 역사상으로도 여왕의 면모를 유감없이 보여줬다.

문정왕후가 수렴청정하기 전에 수렴청정을 했던 정희왕후貞熹王后가 가장 모범적인 수렴청정을 했다는 평가를 받는 것과 반대로 문정왕후가 수렴청정했던 기간은 수렴청정이 보여줄 수 있는 최악의 결과'를 보여줬던 시기였다.

결과만 놓고 보자면 문정왕후의 수렴청정에 대해 명종은 할 말이 없다. 만약 문정왕후가 없었다면 명종은 그 목숨조차도 보장할 수 없었을 것이다. 명종이 경원대군 시절, 문정왕후는 명종이 암살당할 것을 염려해 밤마다 처소를 옮겨가며 재울 정도로 아들을 위해 최선을 다했다. 설사 목숨을 부지할 수 있었다 하더라도 명종이 혼자였다면 왕위는 꿈도 못 꿨을 것이다. 명종이 왕위에 오를 수 있었던 까닭은 그의 어머니가 문정왕후였기에 가능했던 일이다.

이 대목에서 잠깐 중종中宗, 인종仁宗, 명종明宗으로 이어지는 복잡한 가계도를 언급하고 지나가겠다. 중종에게는 세 명의 왕후가 있었다. 단경왕후, 장경왕후, 문정왕후가 바로 그들이다. 이들 가운데 장경왕후章敬王后 윤씨 소생의 자식이 인종이다. 문제는 장경왕후가 인종을 낳고 6일 만에 산후병을 이기지 못하고 죽었다는 데에서 시작되었다. 중종은 다시 왕비를 찾게 되는데, 이때 등장하는 이가 문정왕후다.

17세의 나이로 간택되어 중전의 자리에 앉게 된 문정왕후. 그의 절대 과제는 당시 세 살이었던 원자인 인종을 보호하는 일이었다. 이때까지는 별 무리가 없었다. 문정왕후도 인종을 보호한다는 정치적 명분을 쌓으며 나름의 입지를 구축할 수 있었다.

문제는 문정왕후의 배에서 아들이 태어나면 어떤 일이 벌어질지에 대한 것이었다. 당연히 문정왕후는 자신의 자식을 우선하지 않

중종 전후의 가계도

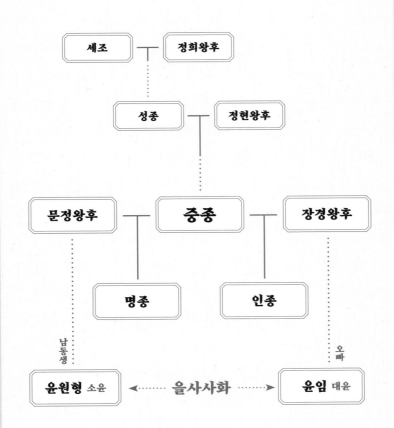

을까? 여기서 인종은 한 가지 좋은 소식과 한 가지 나쁜 소식을 듣게 된다. 좋은 소식이란 인종이 성장할 때까지 문정왕후가 딸만 내리 넷을 낳았다는 것이다. 나쁜 소식은 문정왕후도 거의 포기를 생각하던 서른다섯에 드디어 아들(명종)을 낳았다는 것이다.

17년 만에 아들을 얻게 된 문정왕후는 자신의 아들을 왕위에 올리겠다는 마음을 품게 되고, 이를 실행에 옮기게 된다. 이때 등장하는 것이 문정왕후의 남동생들인 윤원로와 윤원형이다. 이들은 결국 인종의 외숙부가 되는 윤임과 세자 자리를 놓고 한바탕 혈전을 벌이는데, 그 바람에 문정왕후는 당대의 권신인 김안로에 의해 폐위될 뻔하는 위기를 겪게 된다. 이렇게 정치적으로 엎치락뒤치락하던 1544년 11월 중종이 승하하고, 인종이 즉위하면서 게임은 끝난 것처럼 보였다.

일반적인 수순이라면 정권을 잡은 인종이 문정왕후와 그 추종 세력들에게 정치보복을 해야 하겠지만, 여기에는 예상할 수 있는 변수가 하나 있었다. 인종은 효자였다. 문정왕후는 인종에게 '우리 모자를 언제 죽일 것이냐?'며 악다구니를 퍼부었지만, 인종은 그런 문정왕후에게 고개 숙여 눈물을 떨어뜨릴 수밖에 없었다.

이런 상황에서 문정왕후는 하나의 희망을 발견하게 된다. 바로 인종의 건강이다. 중종이 병석에 눕게 되자 자기 몸 돌볼 생각하지 않고 극진히 간호했던 인종! 그는 중종이 죽자 식음을 전폐하고 부왕의 죽음을 슬퍼한다. 당시 신하들은 인종에게 밥을 먹이기 위해 갖은 애를 다 썼다.

좌의정 윤인경과 좌찬성 성세창이 아뢰기를 "위에서 애통망극해 하는 정에 어찌 끝이 있겠습니까마는, 대행 대왕大行大王께서 병환이 위독하실 때에도 곁에서 오래 모시느라 찬선饌膳을 드신 적이 없는데 대고大故를 당해서는 애통해 하심이 예도에 지나쳐 이제까지 찬선을 드시지 않는다 하니, 매우 놀랍습니다. 제왕의 효도는 여느 사람과 다를 수밖에 없고 또 예문禮文에도 '애통해 하여 수척한 것이 중도에 지나친 것은 군자가 하지 않는다'라고 했습니다" 하였다.

《조선왕조실록》인종 1년(1545년) 1월 17일자

인종은 한사코 밥 먹기를 거부하고 겨우 미음으로 허기를 달랠 뿐이었고, 온 조정이 달려들어 그런 인종에게 식사를 부탁하는 지경이 되었다. 이러다 보니 인종의 몸은 하루가 다르게 수척해졌고, 결국 병석에 드러누울 수밖에 없었다. 그리고 얼마 가지 못해 인종은 영영 자리에서 일어나지 못하게 된다.

문정왕후의 수렴청정은 과연 최악이었을까?

온갖 간난신고艱難辛苦 끝에 자신의 아들을 왕위에 앉힌 문정왕후! 그리고 이어지는 승자의 권리행사! 여기서 궁금해지는 것이 그렇다면 문정왕후의 수렴청정이 과연 형편없었냐는 점이다. 당대는 물론 후세의 역사가들에게까지 여주女主로 불리며 배척받을 정도로 문정왕후의 집권 기간에는 문제가 있었던 것일까? 일단 문정왕후가 정치적으로 저평가를 받을 만한 요소들을 하나씩 더듬어 내려가 보자.

첫째, 상대적으로 길었다는 문정왕후의 수렴청정 기간이다. 그러나 정작 살펴보면 문정왕후 전에 수렴청정을 했던 정희왕후나, 후에 등장할 순원왕후에 비한다면 별 차이가 없다. 특히 순원왕후의 경우에는 헌종에서 철종까지 10년이나 수렴청정을 했다. 문정왕후의 8년보다 훨씬 긴 셈이다.

둘째, 집권 이후의 정치보복과 외척의 발호다. 집권 이후의 정치보복은 민주주의 사회를 자부하는 대한민국에서도 여전히 횡행하는 일이다. 더구나 문정왕후의 경우에는 명종을 낳고 나서부터 즉위시킬 때까지 살얼음판 같은 정국에서 온갖 위험을 헤쳐 나온 아픈 기억들이 있다.

물론 보복을 정당화시킬 순 없을 것이다. 그러나 왕조국가에서 정권 창출이란 모든 것을 얻거나 모든 것을 잃는 도박과도 같은 일이었기에 딱히 문정왕후만을 탓할 문제는 아니었다. 윤원형을 비롯한 측근세력들의 부패도 정치적 맥락으로 보자면 어느 정도 예견된 수순이었다. 지난 세월 목숨을 걸고 명종을 보위에 올린 공신들이 아닌가? 더구나 유교사회에서 여성이라는 한계를 가지고 있는 문정왕후로서는 아무리 능력이 뛰어나다 해도 자신을 비호해줄 측근세력들이 필요했을 것이다. 측근세력들의 부패가 옳은 것은 아니지만, 권력이 집중되는 과정에서 이해할 수 있는 여지는 있었다는 것이다.

셋째, 실질적인 정치활동의 실패다. 그러나 기록을 살펴보면 문정왕후가 제 식구 배불리기에만 치중해 민생을 파탄지경에 몰아넣은 것은 결코 아니었다.

> 금주령을 단속하는 서리가 세력 없는 자는 잡아 처벌하고 이름 있는 조사(朝士)들이 있는 곳은 살펴볼 수가 없을 것이다. 이는 모두 시종과 대간들이 임금의 명을 따르지 않기 때문이다. 장리(贓吏, 뇌물을 받은 관리)에 대한 조정의 법이 엄하지 않기 때문에 백성들이 지탱하지 못하고 점차 떠돌게 되니 어떻게 나라를 이끌어 가겠는가.
>
> 《조선왕조실록》 명종 2년(1547년) 12월 3일자

나라에 흉년이 들어 그 대책을 논의하는 과정에서 나온 문정왕후의 발언이다. 당시 문정왕후는 백성들을 구휼하는 데 나름의 노력을 했고 틈틈이 암행어사를 파견해 민정을 살피는 일도 게을리하지 않았다. 아울러 궁중 내 연회를 지양하는 등 검소한 면모도 보여주었다.

여기까지만 보면 문정왕후가 비판을 받을 만하지만 최악까지의 인물은 아니라고 할 수 있다. 외척의 발호와 측근의 부패는 수렴청정이 가지고 있는 구조적 한계를 생각한다면 어느 정도 예상할 수

田內需奴婢橫肆　諸道叛　主戚獲如華淵藪與其弟元衡專

擅於中外二十年間朝政濁亂廳恥掃地生民困悴國脈斷

喪　宗社之不亡幸爾況　靖陵安厝幾二十年兩惡其與

章　敬同兆遂至遷動獨何忍我且自謂有扶立之功時或謂

上曰汝非　我何以有此少不如意輒肆叱哮有同民家壯毋謂

之待小子　上性至　孝奉承無違然時於後苑僻處憂爲夕

潸泣或至失聲　上之得辜心熱亦以此夫然則

社稷之罪人也書曰牝雞之晨惟家之索尹氏之謂也　妃可謂

史臣曰　妃性嚴毅雖於待　主上之時不暇辭色乘簾

以來凡所施設皆非　主上所自由也蠱心佛教信任宦

寺竭國帑庫以奉僧徒奪人田獲以富內需賞罰借濫人

不勸戒加之以權歸外戚政出私門賄賂公行紀綱板蕩

國勢頹靡將不可救幸賴　明宗大王覺悟前非將有大

正之志炎政未久弓劍遽遺嗚呼痛哉

○傳于政院曰大行大王大妃喪事一從　大王喪例行之

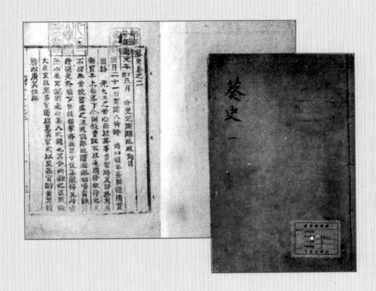

▲ 《규사葵史》

1858년(철종 9) 대구 유림들이 서얼과 관련된 내용을 모아 편집한 도서. 규사의 '규'
는 해바라기로, 서얼들의 충성심을 가리킨다. 조선 선조가 "해바라기가 해를 향하
는 데는 본가지나 곁가지나 다름이 없는 것처럼, 서얼의 충성도 적자와 다를 바 없
다(규곽향일 불택방지 인신헌충 기필정적葵向日 不擇旁枝 人臣顯忠 豈必正嫡)"라고 하면서 서얼
차별 중지를 명한 이후 서얼을 해바라기에 비유했다.

◀ 문정왕후에 대한 사관의 평가

"그렇다면 윤비는 사직의 죄인이라 할 수 있다. 《서경》에 이르기를 암탉이 새벽에
우는 것은 집안의 다함이라고 했으니, 이는 윤씨를 이르는 말이다."

《조선왕조실록》 명종 20년(1565) 4월 6일자

있는 부분이다. 윤원형 일파로 대표되는 측근세력의 부패는 분명히 문제였지만, 실질 정치에 있어서 문정왕후는 나름의 정치적 균형감과 목적을 뚜렷이 보여주었다. 그럼에도 불구하고 역사에서나 당대 선비들에게서나 '최악'의 평가를 받은 이유는 무엇일까? 그 까닭은 보우普雨에서 찾을 수 있다.

조선 건국정신의 역린을 건드린 숭불정책

형조가 아뢰기를 "봉은사에서 작폐를 부리고서 유생 이원손이라고 칭한 자는 학적學籍에 들어 있지 않아 찾아내기가 어렵습니다" 하니 이와 같이 답했다.

"자전께서 내관을 보내 다시 물어보니, 곧 조방주趙邦柱의 아들로 아명이 막종莫從인데 남부 명례방明禮坊에 산다고 했다. 비밀히 잡아오도록 하라."

이때 보우가 하고 싶은 일이 있으면 반드시 언서諺書를 바로 궁금宮禁에 보냈는데, 누구라도 감히 무어라고 말하지 못했다. 또 양종兩宗의 중들이 입을 바지나 버선을 모두 금내禁內에서 만들어줬고, 인수궁仁壽宮의 여승이 금내에 들어올 적이면 대왕대비가 반드시 그와 자리를 함께해 말하기를 '부처는 받들지 않을 수 없다' 하였으니, 독실하게 높이고 받듦이 이러하였다. 상도 사찰의 중들에 관한 일에 있어서는 또한 곡진히 보호하고 치우

치게 비호했기 때문에 공경公卿에서부터 천한 백성에 이르기까지 높이 받들고 조심해 공경하지 않는 이가 없었으나 이미 풍속이 이루어져서 사람들이 괴이하게 여기지 않았다.

사신은 논한다. 아아, 나라가 망할 날이 얼마 안 남았다. 대저 아뢸 일의 출납은 정원을 경유하지 않으면 모두 바르지 못한 길이어서 비록 대신이라 하더라도 자의로 계달하지 못하는 법인데, 중의 무리가 그 중간에 끼어 직접 궁금에 주달하기를 기탄없이 하고 있다. 중들을 위해 유생을 잡아다가 기필코 가두고서 치죄하고 난 다음에야 그만두었으니 통탄스럽기 그지없다.

《조선왕조실록》명종 10년(1555년) 4월 23일자

당시의 상황을 단적으로 확인할 수 있는 기록이다. 조선 개국 당시의 건국이념 가운데 하나가 바로 숭유억불崇儒抑佛이었다. 그런데 유학을 기반으로 세워진 나라에서 부처님을 모신다는 것이 어디 가당키나 한 소리던가? 조선왕조 500년 동안 불교는 내내 탄압을 받아야 했다. 이런 와중에 불교계에 한 줄기 빛이 찬연히 빛났으니, 바로 문정왕후였다.

독실한 불교신자였던 문정왕후는 권력을 잡자마자 대대적인 불교 부흥책을 내놓았다. 양종선과兩宗禪科(승려에게 실시했던 과거)를 재설치했고, 도첩제度牒制(승려가 출가했을 때 국가가 이를 공인해줌)를 부활시켰다. 파격적이었던 것은 도첩을 받은 승려들은 합법적으로 군역에서도 빠졌다는 점이다.

이런 불교 진흥책의 한 가운데에는 승려 보우가 있었다. 문정왕후의 신임을 얻어 봉은사 주지가 된 보우는 이후 문정왕후를 움직여 불교 부흥책을 내놓게 만들었다. 이런 보우를 두고 볼 조정과 유생들이 아니기에 하루가 멀다 하고 보우를 벌하라는 상소가 올라왔었다.

앞의 기록을 다시 보면, 봉은사에서 행패를 부린 유생(학적에 오르지 않은 약관 남짓의 인물)을 끝까지 찾아가 처단하려는 문정왕후의 의지가 보인다. 여기서 눈 여겨 봐야 할 것이 명종 10년의 기록이란 점과 당시 사관의 '논평'이다.

명종 10년이면 명종이 스물둘이 되어 이미 친정에 들어간 시점이다. 그럼에도 명종이 문정왕후의 뜻을 받드는 것을 보면, 여전히 문정왕후의 정치력이 건재했음을 확인할 수 있다. 이어지는 사관의 논평도 흥미롭다. '아아, 나라가 망할 날이 얼마 안 남았다'란 대목과 '중들을 위해 유생을 잡아다가 기필코 가두고서 치죄하고 난 다음에야 그만두었으니 통탄스럽기 그지없다'라는 대목을 보면 당시 사관의 절절한 심정을 느낄 수 있다. 아마 대다수 조정 관리들과 유생들의 심정이 이러했을 것이다.

숭유억불을 건국이념으로 삼아 개국한 조선에서 승려들이 이렇게 활개치고 다니니, 유생들의 입장에선 나라가 망할 날이 얼마 안 남았다는 극언을 뱉을 만했을 것이다. 이들이 문정왕후에게 어떤 감정을 가졌을 리는 쉽게 상상이 갈 것이다.

그렇다. 이들에게 있어 문정왕후는 도학道學(성리학)의 길을 같아

엎어버리는 '공공의 적'이었다. 이런 그들에게 문정왕후에 대한 객관적 평가를 기대한다는 것은 어려운 일이 아닐까?

그리고 차근차근 권력을 장악한 윤원형

앞에서도 언급했지만 수렴청정은 필연적으로 측근세력의 부패를 전제로 한다.

문정왕후가 수렴청정에 들어갔을 때부터 윤원형을 비롯한 외척의 득세는 예견된 일이었다. 비정상적인 권력체제가 가진 한계다. 남존여비 사상이 강했던 조선사회였기에 여성이 정치 전면에 나서는 것 자체가 부담이었다. 물론 문정왕후가 강력하게 권력을 틀어쥐었다곤 하지만, 조정을 장악하려면 믿고 맡길 측근이 필요했다. 가장 손 쉽게 떠올릴 수 있는 측근이란 바로 '피붙이'다. 이는 당연한 수순이다.

즉 윤원형의 등장 자체는 특이한 일이 아니었다. 물론 정희왕후처럼 수렴청정을 하는 상황에서 훌륭하게 국정을 운영한 경우도 있었지만, 그것은 오히려 정희왕후가 특이한 경우라고 할 수 있다. 정희왕후는 정권을 잡은 직후 자신의 친인척이 권력의 전면에 나서는 것을 극도로 경계하기도 했었다. 그러나 일반적으로는 권력을 쥐게 되었을 때 정희왕후보다는 문정왕후 쪽에 가깝게 될 수밖에 없고, 실제 역사도 그러했다.

이 대목에서 우리가 생각해 봐야 하는 것이 두 가지가 있다.

첫째, 윤원형은 동생을 잘 만나 권력을 잡은 것인가?
둘째, 윤원형이 저지른 부정부패는 사관의 평가처럼 그 정도가
심했는가?

그가 동생 잘 만난 덕에 '얼떨결에' 권력을 잡았고, 이 권력을 가지고 자신의 사익을 채우는 데 급급했냐는 의문이다. 하나씩 살펴보기로 하자.

윤원형은 1533년(중종28년) 별시 문과에 급제해 관직에 진출했다. 집안 자체는 명문 파평 윤씨 가문으로, 조상들을 살펴보면 쟁쟁한 인물들로 넘쳐난다. 윤원형의 5대조 윤번의 딸이 세조 비 정희왕후였으니, 어쩌면 그의 집안은 운명적으로 수렴청정과 인연이 있다고 할 수 있다.

앞에서 언급했지만 중종, 인종, 명종으로 이어지는 후계구도에는 불협화음이 있었다. 그리고 그 불협화음은 생모가 일찍 죽은 인종과, 인종을 보호하기 위해 계비로 들어왔다 아들을 낳은 문정왕후 간의 엇갈린 사정에서부터 시작되었다.

만약 인종이 조금 더 오래 살았더라면, 그 이전에 인종의 생모부터가 오래 살았더라면, 이도 아니라면 문정왕후가 늦둥이 명종을 낳지 않았다면 어떤 역사가 전개되었을까? 아마 문정왕후는 수렴청정을 하지 못했을 것이고, 따라서 윤원형도 간신으로 등장하지

못했을 것이다.

그러나 역사는 인종의 생모인 장경왕후가 일찍 죽고, 문정왕후가 인종을 돌보다 늦둥이를 낳았으며, 인종이 일찍 죽는 방향으로 흘러갔다. 그렇다면 이러한 역사의 흐름에서 윤원형은 어떤 역할을 했던 것일까?

당시 조정은 대윤大尹과 소윤小尹으로 나뉘어져 있었다. 대윤은 인종의 외삼촌 윤임을 주축으로 인종을 지지하는 세력이고, 소윤은 명종의 외삼촌인 윤원형을 주축으로 명종을 지지하는 세력이다. 재미난 점은 이 둘이 친인척 관계라는 것이다. 그러나 권력 앞에서 이들은 서로 죽고 죽이는 관계가 된다. 결국 인종이 죽고 명종이 즉위하면서 승패는 갈렸고, 윤원형이 권력을 쥐게 된다. 문제는 권력을 쥐고 난 뒤 윤원형의 행동들이다.

처음 권력을 잡은 뒤 그의 행보를 보면, 그의 능력을 엿볼 수 있다. 일단 주목해 볼 사건 세 가지를 소개한다.

첫째, 을사사화乙巳士禍
둘째, 윤원로의 제거
셋째 언론장악(사간원, 사헌부, 홍문원)

이 세 사건은 윤원형이 체계적으로 권력을 확장하고, 다지고, 유지하는 과정이다. 하나씩 설명해 보겠다.

을사사화 또는 골육상잔

신의 딸이 남편을 따라 전라도로 시집을 가는데, 부모 자식 간의 정리에 멀리 전송하고자 하여 한강을 건너 양재역까지 갔었습니다. … 정언각이 올린 글은 붉은 글씨로 썼는데 '여주女主가 위에서 정권을 잡고 간신 이기 등이 아래에서 권세를 농간하고 있으니 나라가 장차 망할 것을 서서 기다릴 수 있게 되었다. 어찌 한심하지 않은가. 중추월仲秋月 그믐날'이라고 했습니다. 그 글을 빈청에 내리면서 이르기를 …

《조선왕조실록》 명종 2년(1547년) 9월 18일자

조선 4대 사화士禍 가운데 하나인 을사사화의 시작이다. 말이 좋아 사화이지, 따지고 본다면 파평 윤씨 일가끼리의 골육상잔이라고 봐도 무방하다. 규모 자체도 다른 사화에 비해 작았고, 죽은 이도 상대적으로 적었지만 그래도 서른 명이 넘는 사람들이 사화로인해 목숨을 잃었고, 조정에서도 중진급 이상 혹은 '거물'이라 불리던 인사들이 연루돼 피해를 입게 된다. 그러나 그 실체를 따지고 들어가면 을사사화는 윤원형의 '정치보복'이라고 정의할 수 있다.

사건의 개요는 간단하다. 양재역에 벽서가 한 장 붙었다. 문제는 벽서의 내용인데, '여주', 즉 문정왕후가 정권을 잡았으니 이제 나라가 망할 수밖에 없다는 내용이다. 윤원형과 소윤은 이를 빌미로 대윤 일파를 제거했다.

당시에도 이 벽서가 처음 발견한 정언각의 조작이 아닌가 하는 의심이 나올 정도로 너무 뻔히 보이는 수였다. 물론 이에 대해서는 변명의 여지가 충분히 있다. 정권이 바뀌었다면, 정권을 잃은 이들이 피를 보는 것은 동서고금의 진리다. 민주주의가 정착된 현대에 이르러서도 교체된 이들의 '물리적 생명'이 안전하다 뿐이지, '정치적 생명'을 끝내기 위해 온갖 압박을 가하며 만약 죄가 없다면 만들어 덮어씌우기도 한다. 양재역 벽서 사건이 조작됐더라도 이는 이해의 범주 안쪽의 이야기다. 이를 가지고 윤원형을 유별나다고 비난할 게재는 아니다.

윤원로를 제거하라

윤원로는 간사하고 기질이 혼탁한 데다 잔인한 자질에 교만 방종한 태도까지 더해서 기록할 만한 한 가지 선행조차 없는데 온갖 악한 것은 다 갖추었습니다. 다만 부귀로운 생각만을 품고 군신의 의리는 염두에 두지도 않습니다. 중종조에 있어서는 평일에 사람을 대하면 스스로 한명회에 비하고 매번 사림士林 중에서 자기에게 붙지 않은 사람은 살육해 버리겠다는 말을 했고, 번번이 '내가 만일 득세하면 반드시 윤임을 죽이겠다'는 이야기를 했으며, 인종을 우매하다고 지적하기도 하고, 혹은 인종을 향해 일찍 죽으라고 저주하며 공공연하게 외치면서 조금도 꺼림이 없었습니다.

《조선왕조실록》명종 1년(1546년) 2월 30일자

이 기록은 윤원형의 측근인 윤춘년^{尹春年}이 윤원로를 처단하라고 올린 상소 가운데 일부다. 대윤과 소윤 간의 싸움은 친척지간의 골육상잔이다. 족보를 거슬러 올라갈 필요도 없이 이들은 한 집안 식구였다. 그렇다면 윤원로와 윤원형은 어떤 사이일까? 이름만 봐도 알겠지만, 이들은 형제지간이다. 문정왕후와는 다 같은 남매 사이였던 것이다.

문제는 인종이 죽고, 명종이 등극한 다음이었다. 소윤의 핵심 실세라 하면 외삼촌이던 윤원로와 윤원형이지만, 대윤 쪽에서는 윤원로를 더 껄끄럽게 생각했다. 이유는 간단한데, 그의 단순하고 과격한 성격 때문이다.

윤춘년이 올린 상소만 봐도 알겠지만, 그는 생각이 짧고 과격했다. 자신을 한명회에 비유하질 않나, 자신을 따르지 않으면 다 죽이겠다는 위협도 서슴없이 했다. 인종을 두고 일찍 죽으라고 말한 것은 대역죄라 해도 할 말이 없었으며, 나중에는 대비(문정왕후)는 늙었으니 곧 죽고 자기 세상이 될 거란 소리까지 지껄였다.

윤원로의 과격한 성격을 아는 이들은 인종이 죽자마자 윤원로를 제어해야 한다는 생각에 윤원로를 제거하려 애썼고, 여기에 윤춘년이 가세한 것이다. 윤춘년이 윤원형의 사람임을 생각한다면, 동생이 형을 버린 것이라고 할 수 있다.

결국 윤원로는 유배길을 떠난다. 만약 윤원로가 여기서 정신을 차리고 자숙하는 모습을 보였다면 죽음에까지는 이르지 않았을 것이다. 그러나 윤원로는 여기서 멈추지 않았다. 권력의 핵심에 앉아 있다가 밀려난 상실감과 분노 덕분에 더 거친 말들을 쏟아냈다. 결국 윤원형이 칼을 빼들었다. 윤원로의 제거를 문정왕후에게 말한 것이다.

권력은 자식과도 나누지 않는다는데, 형제와 나눌 수 있을까? 문정왕후는 끝까지 윤원로를 살리려 했지만, 윤원로 스스로가 스스로의 무덤을 팠다. 여기에 동생 윤원형이 손을 더했을 뿐이다. 이때문에 윤원형은 많은 비난을 받았지만, 윤원로의 처세와 권력의 속성을 이해한다면 이 또한 쉽게 비난할 게재는 아니다.

언론을 지배하는 자가 권력을 장악한다

명종이 즉위한 후 윤원형이 어떤 식으로 조정을 장악해 나갔는지는 그의 최측근인 윤춘년을 보면 알 수 있다. 윤원로 제거에 앞장선 그는 이후 윤원형의 비호 아래 출세가도를 달린다. 윤춘년은 이조 정랑을 시작으로 장령, 교리 등을 거쳐 대사간이 되었고, 2년 뒤 홍문관 부제학을 지나 대사헌이 된다.

그렇다면 윤춘년이 거친 대사간, 홍문관 부제학, 대사헌이란 조선에서 어떤 자리였을까?

조선은 군약신강君弱臣强, 왕의 권한은 약하고 신하의 힘은 강한 나라였다. 그렇다면 신하들은 어떤 식으로 왕의 권한을 제약하고, 자신들의 힘을 내보였을까? 그 대표적인 구조가 언론삼사言論三司였다.

언론학에서는 언론의 역할을 이렇게 말하곤 한다. "권력의 감시견WatchDog." 언론을 입법, 사법, 행정에 이은 제4부라 부르는 이유가 바로 여기에 있다. 언론은 자칫 부패할 수 있는 권력을 감시하며, 이들이 올바로 작동할 수 있도록 끊임없이 짖어대는 존재다. 조선시대에도 이런 언론이 있었는데, 바로 앞에서 언급한 언론삼사다.

언론삼사란 각각 사간원司諫院, 사헌부司憲府, 홍문관弘文館이다. 사간원은 왕이 행하는 정사에 대한 비평을 하는 기관으로, 신하들에 대한 탄핵이나 정치 문제에 관해서도 발언을 했다. 지금으로 치자면 언론기관이라 할 수 있다. 사헌부는 공무원들을 감찰하는 기관으로 오늘날로 치자면 감사원과 검찰청을 합쳐놓을 정도의 권력을 가지고 있었다. 홍문관의 경우엔 그 시작을 집현전이라고 보는 것이 맞다. 세조는 즉위한 다음 자신의 왕위 찬탈에 반대한 집현전을 없애고, 대신 홍문관을 세우게 된다. 처음엔 순수한 문서보관 기관이었지만 학술 및 국왕자문기구로의 역할이 부여되면서 언론의 형태가 됐다.

이 언론삼사는 국가의 정책이 잘못된 방향으로 흘러갈 경우 떨쳐 일어나 왕에게 쓴소리를 했다. 그리고 윤춘년이 두루 섭렵한 대사간大司諫은 사간원의 수장이고, 대사헌大司憲은 사헌부의 수장이며, 홍문관 부제학副提學은 실질적으로 홍문관을 관리감독하는 자리였다.

윤원형은 권력을 잡은 뒤 언론을 자신의 통제 아래 두려고 결심했고, 이를 직접 실행에 옮겼다. 윤원형의 언론 통제는 오늘날 우리에게도 익숙할 것이다. 정권을 잡은 뒤 언론을 통제하려고 했던 수많은 시도들이 대한민국 역사에는 넘쳐날 정도로 많기 때문이다. 자신의 입맛대로 국정을 운영하기(권력을 농단한다는 표현이 맞겠지만) 위해 권력자들은 감시견을 묶어 놓으려 한다. 이것이 권력의 속성이다.

이 세 가지 사례를 살펴본다면, 윤원형의 능력을 짐작할 수 있다. 그는 권력의 속성, 권력의 작동원리에 대해 기본은 알고 있는 인물이었다. 또한 그가 권력을 장악한 행동에 대해 섣부르게 비난할 수만은 없다. 윤원형은 권력의 속성에 따라 움직였을 뿐이다. 만약 그의 행동이 잘못이라면, 역사에 등장하는 수많은 권력자들 거의 모두가 악인이 된다. 문제는 이렇게 장악한 권력을 가지고 '무엇을' 했느냐다.

윤원형은 왜 신분차별 폐지를 주장했는가?

팔도의 진영鎭營과 여러 고을에는 추종하는 사람을 여기저기 배치해 놓고 바다와 육지로 끊임없이 그 집 문에다 물건을 수송해

십여 채의 커다란 집에는 진기한 보화들이 가득 차 있으니, 사가私家가 나라보다도 부자이고 개인이 임금보다도 사치스러우며 여러 고을은 황폐해지고 나라의 근본은 날로 무너져가고 있습니다. … 곡식이 썩어나자 흙같이 천하게 여겨 '이런 것은 오래 저장하기 곤란하다' 하고, 유기鍮器 장사를 모두 부르자 온 시장이 이름 있는 좋은 그릇을 수레와 말에 모두 신고서 구름처럼 그의 대문 앞으로 모여들어 쌀과 교환하니 그릇더미가 산처럼 쌓였습니다. 많은 사람들이 보고서 침을 뱉고 비루하게 여김에도 윤원형은 스스로 훌륭한 계책이라고 생각하고 조금도 부끄러워하는 마음이 없었습니다. 수상의 신분으로 감히 장사꾼처럼 행동했으니 얼마나 나라를 욕되게 한 것입니까.

《조선왕조실록》명종 20년(1565년) 8월 3일자

윤원형의 비위 사실을 언급한 기록이다. 나라보다 더 많은 돈을 뇌물로 받아 챙기고, 쌀이 썩어나가 쌀 대신 유기로 교체했다는 대목이 압권이다. 윤원형에 관한 비위 사실은《조선왕조실록》에 넘쳐나도록 많다.

뇌물을 실어 나르는 배가 정기적으로 한강을 오갔고, 백성들을 동원해 간척공사로 땅을 넓힌 뒤 이 땅을 자기가 집어먹는 등 권력을 사유화했다. 이뿐만이 아니었다. 지금으로 치자면 형사사건에 연루될 만한 사건들도 많이 저질렀는데, 자신의 서얼인 두리손豆里孫을 죽인 후 강에 버렸다는 사실도 있다. 주인이 이러니 그 노비들도 위세가 등등해 무고한 민간인들을 폭행하거나 재산을 빼앗고, 부녀자를 겁탈했지만, 아무도 처벌받는 이가 없었다.

여기까지만 보면 그는 전형적인 간신이다. 공적인 권력을 사적인 이익을 위해 사용했기 때문이다. 그러나 기록을 가만히 살펴보면 어딘가 미심쩍은 부분을 발견하게 된다. 윤원형이 부정부패를 저지른 것은 사실이지만 국가 재정보다 더 많은 돈을 가져갔다는 식의 과장된 묘사는 그를 더욱 나쁜 존재로 덧칠하기 위한 수사적 표현이다.

비정상적인 권력체계인 수렴청정이 시작된 이상 윤원형 같은 존재가 등장하는 현상은 당연하다. 또한 고인 물이 썩듯이 견제 없는 권력은 필연적으로 부패할 수밖에 없다. 그가 국정 운영의 난맥을 만들고 부정부패를 저지른 것은 분명 비난받아 마땅하다. 그러나 윤원형에게 쏟아지는 비난의 일정 부분은 다른 이에게 갈 비난이 그에게 간 것이기도 하다.

당대 사대부들이 특히 그에게 분노하는 까닭은 '여성'과 관련이 깊다고 할 수 있다. 바로 문정왕후와 정난정이다.

문정왕후의 경우에는 앞에서 언급한 친불교정책을 꼽을 수 있다. 숭유억불을 근간으로 태어나 유교적 질서에 의해 운용되는 조선에서 '여성'이 권력을 잡고, '불교'를 보호한다는 것은 사대부들에게는 망국의 다른 말이었다.

그리고 문정왕후와 함께 망국의 상징처럼 거론되는 여인으로 정난정이 있다.

정난정이 참람하게 정실이 되어 부인夫人에 봉해져서 외명부外命
婦의 우두머리에 있게 되자 세간의 사람들이 감히 항변하지 못
했으나…

《조선왕조실록》 선조수정 22년(1587년) 8월 1일자

실록에 기록된 정난정의 행적 가운데 사관들이 가장 주목한 부분은 그의 신분이 바로 '첩'이라는 것이었다. 부총관을 지낸 정윤겸의 서녀였던 정난정은 윤원형의 마음을 사로잡는다. 윤원형은 부인을 몰아내고 정난정을 정실로 앉힌다. 이후 정난정은 본처였던 김씨 부인을 독살한다.

이때부터 정난정은 윤원형의 처로서 활약한다. 문제는 그가 국정 농단에 어느 정도 개입했느냐 하는 대목이다. 그러나 기록에 나타난 그의 행각은 문정왕후의 비호를 받아가며 궁궐을 수시로 출입하고, 위세등등한 모습을 과시하는 정도였다. 이른바 베갯머리 송사로 윤원형을 뒤에서 조종했을 수도 있겠지만, 죄의 실체는 드러나지 않았다.

정난정이 저지른 가장 큰 죄는 윤원형의 뒤에서 국정을 농단했다는 것이 아니라 그가 '첩'이라는 점이었다.

윤원형에게 첩의 소생만 있고 적자가 없자 그는 서얼을 허통許
通하도록 주장한 일이 있었다.

《조선왕조실록》 명종 18년(1563년) 11월 11일자

윤춘년이 윤원형의 뜻을 받들어 서얼을 사로에 허통시킴으로 써 적첩嫡妾의 명분이 문란되었다. 또 과거법을 뜯어고쳐 사람들 이 매우 불편해 했는데 …

《조선왕조실록》명종 21년(1566년) 2월 19일자

새삼스럽지만 정난정은 첩이다. 다시 말해 윤원형과 정난정 사 이에서 태어난 자식은 첩의 자식이 될 수밖에 없었다. 그리고 서얼 들은 조선 사회에서 아무 쓸모가 없었다. 과거를 응시할 수 없으니 주류에 편입될 수도 없다. 이뿐만이 아니었다. 첩의 자식은 상속에 서도 차별을 받았고, 결혼에도 제약을 받았다. 양반가에서 태어났 으면서도 사회적으로는 죽은 목숨이나 마찬가지였다. 정난정을 끔 찍이 아끼던 윤원형으로서는 가슴 아픈 일이 아닐 수 없었다.

결국 윤원형은 개인적인 욕망을 추구하다 공익을 실현하는 역 설적인 상황을 연출한다. 바로 서얼 허통을 주장한 것이다. 어디까 지나 자기 자식을 위한 행동이지만, 그의 주장은 조선 땅에서 살고 있는 모든 서얼들에게 희망이 되었다. 이 당시 윤원형은 권력의 실 세였다. 문정왕후를 옆에 끼고 원하는 모든 것을 얻을 수 있는 존재 였다. 그럼에도 불구하고 서얼 허통을 실행하려 할 때 엄청난 저항 과 마주해야 했다.

이러한 기득권의 저항은 당연한 반응이었다. 조선시대 관직의 자리는 총 5,000여 개 정도, 이 가운데 양반들이 원했던 자리인 문 관 관료는 500여 개 정도다. 즉 과거란 이 500여 자리를 차지하기 위한 자리 빼앗기 싸움이라 할 수 있다. 그리고 과거를 한 차례 치를 때마다 식년시 기준으로 33명의 합격자를 배출하다 보면 문관 관료 자리는 금세 포화상태가 된다. 이러다 보니 나온 것이 바로 산직散職(직임이 없는 관료 자리)이나 무록관無祿官(월급을 받지 못하는 자리)이다. 설령 과거에 당당하게 합격했더라도 몇 년씩 보직을 받지 못하고 임용을 대기해야 하는 경우도 허다했다.

이런 상황에서 서얼들까지 과거에 응시하게 된다면 경쟁률은 더 올라갈 수밖에 없었다. 서얼 허통에 조정 관료들뿐만 아니라 재야의 선비들까지 저항한 까닭은 여기에 있다. 윤원형의 편은 소수의 측근들뿐이었다. 그럼에도 윤원형은 서얼 허통을 강단 있게 밀어붙였다. 누가 뭐래도 그는 당대 최고 실세였다.

결국 서얼 허통은 통과됐다. 양반들과 타협한 결과였다. 이로써 서얼 본인은 과거에 응시할 순 없지만 어머니가 양인인 서자는 손자 때, 어머니가 천민인 얼자는 증손자 때 응시가 가능하게 됐다.

반쪽짜리 승리였지만 조선에 살았던 많은 서얼들에게는 '희망'이 됐다. 물론 그 덕분에 윤원형은 사대부들의 숙적이 돼야 했다.

간신에게는 모시는 주인이 전부다

그의 최후 또한 일찌감치 예견된 일이었다. 문정왕후를 배경으로 얻은 권력이었기에 문정왕후가 사라진 뒤에는 권력도 사라질 수밖에 없었다.

마침내 1565년 문정왕후가 사망하자 숙청의 칼날이 여지없이 날아왔다. 다름아닌 명종이 칼을 뽑아들었다. 이에 윤원형은 조정에서 물러나 근신한다. 그래도 명종의 외삼촌이었고, 조정의 실세였던 이였기에 명종이 나름의 대우를 해줬던 것이다. 시간이 계속 흘렀다면 그가 저질렀던 정치보복을 그대로 돌려받았을 수도 있었을 것이다. 실제로 그가 조정에서 물러나자 그에게 벌을 줘야 한다는 청이 줄을 잇기도 했다. 그의 죽음은 갑작스럽게 찾아왔다.

앞서 정난정이 윤원형의 본부인을 독살했다고 이야기했다. 이 본부인의 어머니가 정난정을 고발한다. 문정왕후가 살아있을 때에야 별것 아닌 일이었을 수도 있겠지만, 이제 세상이 바뀌었다.

정난정의 죽음은 조금 황당하다. 정난정은 금부도사가 집 앞에 나타났다는 종의 보고를 듣고는 평소 지니고 있던 독약을 먹고 자살했다. 괜히 금부도사에게 끌려가 욕을 당할 바에는 깨끗하게 죽겠다는 생각이었을 것이다. 문제는 이 금부도사가 정난정을 잡으러 온 것이 아니라 다른 죄인을 잡으러 가는 길에 근처에서 말을 갈아탔을 뿐인데 종이 오해했다는 것이었다.

정난정 개인으로는 허탈하다고 해야 할 일이다. 그러나 이미 벌어진 일을 되돌릴 수는 없지 않은가? 그렇게 황망하게 정난정을 떠나보낸 윤원형은 그의 시신을 끌어안고 통곡했고, 이후 시름시름 앓다가 5일 만에 뒤를 따라갔다. 윤원형은 정난정을 사랑했던 것이 분명하다. 이렇게 '머리털을 뽑아 헤아린다 해도 다 셀 수 없을 정도'의 죄를 지은 윤원형과 정난정은 세상을 떠났다.

윤원형은 과연 간신이었을까? 결론부터 말하자면 간신이 맞다. 그럼에도 불구하고 윤원형에 대한 평가는 그의 악행 이상으로 박하다고도 할 수 있다. 그가 간신인 된 데에는 권력의 태생적인 한계에서 측근을 제대로 관리하지 못한 이에게도 책임을 물어야 한다. 태종이 외척 발호를 걱정하며 자신의 처가와 아들의 처가를 도륙낸 까닭도 이런 연유에서다.

무엇보다 그와 그의 누이가 무리하게 밀어붙인 몇 가지 유교적 질서를 흔드는 정책들 때문에 윤원형은 사대부들에게 더 큰 미움을 샀다. 바로 불교중흥정책과 서얼 허통 문제다. 이 두 가지를 강행했기 때문에 문정왕후는 '나라가 망하지 않은 게 다행'이라거나 '암탉이 새벽에 우는 것은 집안의 다함이다'란 표현까지 사록에 나올 정도로 천하에 몹쓸 여자가 됐고, 그와 남매인 윤원형은 하늘 아래 다시없는 간신이 됐다.

다시 말하지만, 이들이 나라를 망하게 할 뻔했다는 것은 부정할 수 없는 사실이다. 그러나 이 모든 문제의 절반은 권력체계의 비정상적인 위임에서 비롯됐다는 것을 유념해야 한다. 왕조국가이기 때문에 경험할 수밖에 없는 수렴청정이란 비정상적인 권력체계, 그리고 여성이라는 한계를 극복하기 위해 피붙이에게 매달릴 수밖에 없는 절박함이 모여서 윤원형이라는 간신이 만들어진 것이다.

21세기인 현재도 대통령의 친인척을 관리하기 위해 민정수석실이 바쁘게 움직이고 있다. 예나 지금이나 권력의 근처에는 파리 떼가 꼬이게 되어 있다. 멀리 갈 것도 없이 박근혜 전 대통령의 국정 농단 사건만 살펴봐도 권력의 속성과 권력 주변에 기생하는 이들의 행태를 쉽게 확인할 수 있다. 먼 역사 속 이야기나 독재정권 시절이 아니라 인사 시스템과 검증 시스템이 어느 정도 갖춰졌다는 최근에 벌어진 일이다. 하물며 조선시대의 외척, 그것도 수렴청정을 하게 된 문정왕후의 남동생은 그 위세가 어떠했을까?

그리고 그가 정권을 잡고, 정치보복을 하고, 내부 권력투쟁으로 권력을 자신에게 집중시킨 다음 비판세력이 되는 언론세력을 길들인 모습은 어딘지 낯이 익지 않은가? 예나 지금이나 권력의 속성은 조금도 바뀌지 않았다.

권력은 끊임없는 감시와 견제가 이루어지지 않으면, 필연적으로 부패할 수밖에 없다. 간신은 특별한 존재가 아니다. 우리에게 그런 '환경'이 주어진다면, 대다수의 사람들은 간신으로 변한 자신의 모습을 확인할 수 있을 것이다. 그런 의미에서 윤원형은 특별하게 어긋난 인간, 타고난 간신배가 아니었다. 오히려 보통사람에 가까웠다. 간신은 간신의 얼굴을 하고 있지 않다.

간신은 이렇게 모든 것을 장악했다

조직을 관리할 때 필요한 마음가짐은

함께 일하는 사람이 사리사욕 없는 삶을 살아줄 것이라고 기대하는 인간에 대한 믿음이 아니다.

조직의 지도자에게는 욕망을 동력으로 삼는 인간의 특성을 인정하고

그 욕망에서 비롯되는 힘을 적절히 이용할 줄 아는 냉철함이 필요하다.

그리고 조직에게 필요한 것은 충신과 간신을 선별해내는 지혜가 아니라

능력 있는 조직원들이 간신이 되지 않도록 제대로 관리할 수 있는 제도다.

그 첫 걸음은 견제와 균형이다.

한명회

욕망을
관리받지 못한
처세의 달인

━━━━

"길옆에 집을 지으면 삼 년이 되어도 이루지 못하는 것입니다. 작은 일도 오히려 그러한데, 하물며 큰일은 더 말할 것이 있겠습니까?"

"신숙주가 평일에 많이 취했어도 술이 조금 깨면 반드시 일어나 등불을 켜고 책을 본 후 다시 취침하는데 오늘은 그렇게 해서는 안 된다."

한명회韓明澮의 운명을 바꾼 한 마디와 한명회의 성격과 지략을 보여주는 한 마디다. 첫 번째 기록은 실록에서 발췌한 말이다.

때는 단종 1년. 10월 10일 저녁이었다. 수양대군 집에는 그가 키운 건달패들이 모여 있었다. 역사에서는 장사壯士로 표현되지만, 이들의 모습은 건달과 다름없었다. 어떤 거창한 신념이나 의기로 뭉친 것이 아니라 술 먹고 행패부리기 좋아하는 뒷골목 패거리들의 모임이었던 것이다.

이날 수양대군은 이들을 불러 모아 술과 고기를 먹이고는 역적인 김종서와 황보인을 처단하자고 말한다. 미리 언질을 받은 이들은 역적을 처단하러 가자고 말했지만, 말을 듣지 못했던 이들은 기겁을 하며 일단 보고부터 해야 하지 않겠냐고 하면서 몸을 뺐다. 심지어 도망가는 이들도 있었다. 상황이 이렇게 돌아가자 수양대군이 한명회에게 의견을 구했고, 한명회는 이때 거사의 실행을 말한다. 이 한 마디가 계유정난癸酉靖難의 신호탄이 된다.

두 번째 기록은 조선 중기의 역관 조신曺伸이 쓴《소문쇄록謏聞鎖錄》에 나와 있는 대목이다. 한 번은 세조가 신숙주와 한명회를 불러 술자리를 가졌는데, 이때 세조가 술김에 장난을 쳤다. 신숙주에게 자신의 팔을 잡아보라고 시킨 것이다. 이때 신숙주가 너무 힘껏 잡는 바람에 세조가 비명을 질렀다. 이날 밤 집에 귀가한 한명회는 청지기를 불러 '오늘밤은 책을 읽지 말고 일찍 자라'는 전갈을 신숙주에게 전하라고 명한다. 한명회의 전갈을 받은 신숙주는 일찍 자리에 들었는데, 아니나 다를까 세조는 이날 밤 내시를 시켜 신숙주의 집을 살펴보게 했다.

신숙주가 책을 읽지 않고 자는 모습을 확인한 세조는 그제야 마음을 풀었다. 술에 취해 저지른 '실수'로 납득한 것이다. 만약 신숙주가 책을 읽었다면 어떻게 됐을까? 어쩌면 한명회가 신숙주의 인생을 구한 것인지도 모른다.

칠삭둥이 궁지기의 인생역전

한명회의 인생은 그 자체로 드라마다. 시작부터가 범상치 않았다. 7달 만에 태어난 이른바 칠삭둥이였다. 집안은 명문 청주 한씨로, 조상들도 고려 말 이름깨나 날렸던 집안이었다. 그의 할아버지 한상질韓尙質은 조선 건국 이후 명 조정으로 나아가 '조선朝鮮'이라는 국호를 승인받아 왔던 인물이다.

그러나 한명회의 인생 전반기는 불우했다. 부모를 일찍 여의고, 마흔에 이르기까지 과거에 여러 번 응시했으나 번번이 낙방해 결국 음서로 관직에 올랐다. 그나마 받은 관직이 개성에 있는 경덕궁(이성계가 왕이 되기 전 살던 집)의 관리직, 이른바 궁지기였다.

이러다 보니 주변으로부터 괄시와 냉대를 받았다. 한번은 개성에 있는 서울 출신들끼리 모여 만든 '송도계'에 가입하려 했으나, 계원들이 한명회의 참여를 거부했다. '경덕궁 궁지기가 벼슬씩이나 되냐'는 이유에서였다.

이렇게 비루한 인생을 보내던 한명회가 인생역전을 하게 된 계기를 맞았다. 바로 수양대군과의 만남이었다. 친구 권람權擥의 소개로 수양대군을 만난 이후 그의 인생은 승승장구로 풀렸다.

김종서와 황보인 등 단종을 지키던 고명대신顧命大臣들을 처단한 후 한명회는 수양대군 정권의 핵심이 된다. 계유정난 직후 정8품직을 받았다가 이듬해 승정원에 들어가게 됐고, 1457년에는 이조판서, 1462년에는 우의정이 됐다. 그리고 우의정이 된 지 4년 뒤에는 영의정이 된다.

그렇게 한명회는 세조, 예종, 성종까지 왕을 3대에 걸쳐 모시며 25년이나 권력의 핵심에 앉아 있었다. 더 놀라운 점은 왕이 바뀔 때마다 한명회의 존재감은 더 커졌고, 그의 권력은 왕위의 주인을 뒤바꿀 정도까지 비대해졌다. 당시 한명회의 권력이 어느 정도였는가는 왕위 계승 서열 3위였던 성종의 즉위로 확인할 수 있다.

성종의 가계도를 보면 성종은 도저히 왕이 될 수 없었던 상황이었다. 아버지가 의경세자懿敬世子, 어머니는 후에 인수대비가 되는 소혜왕후昭惠王后 한씨였다. 세조의 장자였던 의경세자는 별 탈이 없었다면 세조의 왕위를 이어받아 조선의 8대 임금이 되었을 것이고, 성종은 왕족으로서 숨죽이고 살았을 것이다. 그리고 자신의 형이 왕이 되는 것을 지켜봐야 했을 것이다. 참고로 의경세자와 소혜왕후 사이에는 두 명의 아들이 있었는데, 첫째가 월산대군月山大君이고, 둘째가 훗날 성종이 되는 자을산군者乙山君이다.

그렇다면 동아시아 왕조국가에서 차남이 왕이 될 확률은 얼마나 될까? 정상적인 상황이라면 장자인 형을 제치고 즉위하기가 쉽지

성종의 가계도

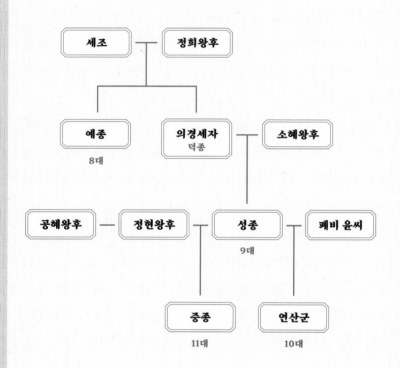

*성종에게는 공혜왕후, 정현왕후, 폐비 윤씨 외에도 아홉 명의 부인이 더 있었다.

않을 것이다. 그러나 여기에 변수가 생겼다. 아버지 의경세자 대신 왕위에 올랐던 예종이 재위 14개월 만에 운명을 달리 한 덕분에 왕위의 행방이 묘연해진 것이다. 당시 예종에게는 원자 제안대군齊安大君이 있었으나 이때 나이가 겨우 네 살이었다.

원칙적으로는 제안대군이 왕권을 이어받아야 하겠지만 당시 원자의 나이가 너무 어렸다는 문제가 있었다. 어린 단종을 죽이고 왕권을 탈취했던 이가 다름 아닌 세조이지 않았던가? 또다시 이런 일이 일어나지 말라는 법이 없었다. 결국 왕실의 큰 어른인 대왕대비(정희왕후 윤씨)가 정치적 타협을 하게 된다. 제안대군이 성년이 될 때까지 16년을 기다리는 모험 대신 곁에 있는 안전한 길을 가자는 것이었다.

선택할 수 있는 카드는 두 장, 월산대군과 자을산군이 있었다. 이때 월산대군의 나이는 16세, 자을산군은 13세였다. 상식적으로는 장남인 월산대군이 왕위에 오르는 것이 타당했다. 그러나 왕이 된 이는 자을산군이었다. 당시 자을산군이 뽑혔던 표면적인 명분은 다음과 같았다.

"월산대군은 어릴 때부터 병약했다. 자을산군이 비록 어리기는 하나 세조께서도 생전에 그 도량을 칭찬하며 태조에 비할 정도로 총명했다."

그러나 이것은 어디까지나 표면적인 이유에서였다.

진짜 이유는 이 두 형제의 배우자에게 있었다. 장남인 월산대군은 평양군平陽君 박중선의 딸과 혼인했고, 자을산군은 한명회의 둘째딸과 혼인했다. 일설에는 한명회가 월산대군이 병약한 것을 알고 둘째인 자을산군에게 딸을 시집보냈다는 이야기도 있다. 추측의 타당성을 떠나 한명회의 사위인 성종이 왕위 계승서열 3위인 불리함을 딛고 왕위에 오른 것은 분명한 사실이다.

왕의 장인이라는 자리는 양날의 검과 같은 위치다. 권력에 가장 가까운 자리이기도 하지만, 권력의 칼날에 가장 먼저 노출되는 자리이기도 하다. 태종의 처가였던 여흥 민씨 가문과 세종의 처가였던 청송 심씨 가문의 몰락만 봐도 그렇다. 그런데 한명회는 62세까지 권력을 누렸고, 75세까지 수명을 모두 누렸다. 그 비결은 어디에서 찾아야 할까?

난세를 기회로 만든 비상한 정치적 역량

계유정난의 일등공신이긴 하지만, 한명회는 과거급제를 거쳐 관직에 진출한 이른바 정통 관료가 아니다. 그런 그가 25년간 권력의 핵심부에서 살아남을 수 있었던 이유는 무엇이었을까? 보다 솔직하게 질문을 바꿔보자. 그는 어떤 처세술로 삶의 고비들을 잘 넘기며 권력을 유지할 수 있었던 것일까?

그가 25년간 권력을 유지할 수 있었던 이유를 꼽아보면 크게 세 가지로 압축할 수 있다.

탁월한 정치적 감각

현실주의적 성격

혼인으로 맺어진 인맥

이 가운데 그의 탁월한 정치적 감각부터 설명하고자 한다. 서두에서 언급한 두 개의 사례, 수양대군에게 쿠데타를 권하는 것이나 신숙주에게 넌지시 조언을 해준 사례에서 잘 드러나다시피 한명회에게는 흐름을 읽고 미래를 가늠할 줄 아는 탁월한 감각이 있었다.

권력을 쥔 이상 위기를 단 한 번도 겪지 않을 수는 없다. 한명회 또한 25년 간 권력의 중심에 있으면서 분명 위기들과 맞닥뜨린 적이 있다. 특히 세조에게 의심을 받아 세조 재위 후반기에는 남이南怡를 비롯한 새로운 왕의 측근세력에 의해 압박을 받기도 했다. 그러나 한명회는 위기를 극복하고 살아남았다. 운 좋게도 세조가 일찍 죽었기 때문이기도 하지만, 한명회가 시류를 잘 읽은 점도 무시할 수 없다.

그의 정치적 감각은 공신훈호를 네 차례나 받은 것이 증명해준다. 공신功臣이라 하면, 나라와 왕실에 공을 세운 신하를 의미한다. 보통 조정에 출사하는 사람이라면 나라에 충성을 다하고 임금 앞에 신의를 다하겠다고 맹세하는 것이 기본이었기에 나라와 왕실에 공을 세워서 공신에 임명된다는 것은 평범한 '충성'이나 '공'이 아니라 좀 더 특별한 공을 세웠음을 의미한다.

이들의 공이 얼마나 특별한지에 대해서는 공신에 책봉된 이들이 얻게 되는 각종 포상을 보면 알 수 있다. 일단 공신으로 책봉되면 왕과 함께 공신회맹제功臣會盟祭를 열게 되는데 이때 왕과 공신들은 피의 결속을 다지며 서로를 배신하지 않겠다는 맹세를 하게 된다. 회맹을 할 때는 삽혈歃血이라 해서 희생물의 피를 입 옆에 바르며 맹세를 다짐하는데, 이 의식이 회맹제의 핵심이라 할 수 있다. 전제왕조국가에서 왕이란 존재는 신성불가침의 영역이다. 이런 왕이 신하들과 함께 입가에 피를 묻혀가며 맹세를 할 정도로 신하들을 챙긴다면, 이 신하들이 세운 공이 만만치 않을 것임을 어렵지 않게 예감할 수 있을 것이다.

이러한 예감은 공신들이 얻게 되는 실질적인 포상으로 넘어가면 확신으로 바뀌게 되는데, 일단 공신이 되면 돈, 명예, 권력 모두를 얻을 수 있게 된다. 공신록에 이름이 올라가면 왕에게 교서가 내려지고 입각화상立閣畵像이 만들어져 대대손손 그 명예가 전해진다. 실질적인 포상도 만만치 않았는데, 당장 영작榮爵과 토지, 노비뿐만 아니라 그 자식들에게는 음서로 관직에 진출할 수 있는 권리도 주어졌다. 아울러 형사적 특권도 얻게 되는데, 대역죄가 아닌 이상 죄를 지었다 하더라도 공신이라면 감형을 받을 수 있었다. 이런 특권은 그 가족들에게도 유효했다.

이뿐만이 아니었다. 왕은 공신들과의 유대관계를 유지하기 위해 수시로 공신연功臣宴을 베풀었는데, 이 공신연을 통해 공신들은 왕과의 개인적인 친분을 유지할 수 있었고 이를 활용해 국가 요직을 차지할 수 있게 됐다. 한마디로 공신으로 책봉된다는 것은 조선 사회에서 확고부동한 기득권을 차지한다는 의미였다.

그렇다면 이 엄청난 혜택을 얻게 되는 공신들은 어떤 공을 세웠기에 공신의 반열에 올라섰던 것일까?

"아무개는 이번 대통령 선거의 일등공신이다"라는 표현을 언론을 통해 심심찮게 들었을 것이다. 그렇다. 시대는 다르지만 공신은 정권 창출 정도의 '큰 일'을 한 인물에게 내려지는 칭호인 것이다. 조선시대에도 조선왕조 500년 동안 28회, 1,000여 명의 공신이 책봉되었는데 상당수가 권력과 연관된 이유에서였다. 즉 예나 지금이나 정권 창출이나 정권 수성 또는 이에 준할 정도의 일을 한 사람에게 수여되는 것이 일반적이라 할 수 있는데, 여기서 잠깐 짚고 넘어가야 할 것이 있다.

대한민국과 같은 민주주의 체제에서는 선거라는 선출방식이 있기에 합법적인 틀 내에서 안정적으로 정권을 창출하거나 탈환할 수 있다. 그러나 조선이란 나라는 왕조국가였다. 왕의 자연수명이 곧 정권의 수명이고, 이 왕의 수명이 다 하면 그 후계자인 세자가 뒤를 이어 정권을 계승한다.

이것이 의미하는 바는 무엇일까? 바로 왕조국가라는 시스템에서 정권 창출이나 이에 준하는 상황이란 국가 '비상사태'를 뜻한다. 다시 말해 공신이 임명된 시기는 난세, 나라가 혼란스러운 때다. 조금 더 선명하게 말하자면 공신을 가장 많이 임명한 왕은 나라를 혼란에 빠뜨렸던 왕이란 의미도 된다.

그렇다면 공신훈호를 받은 신하는 어떤 존재일까? 공신훈호를 받은 이들은 정치적 격동기에 정치권력과 이해를 일치시킨 인물이라는 뜻이 된다. 결국 공신훈호를 받은 이들은 정치적 실세거나 최소한 역사에 그 이름을 남길 '거물급' 정치인이라는 말이 된다.

그렇다면 공신훈호를 두 번 이상 받은 인물은 어떤 인물들일까? 남들은 한 번 받아도 정치적 실세라는 소리를 듣는 것이 공신훈호인데, 몇 번이나 받았다면 이미 당대 최고의 권력가란 의미가 된다. 또한 이 인물이 살아왔던 시기가 정치적 격동기란 의미도 된다.

한명회는 조선왕조 역사상 가장 많은 공신훈호를 받은 인물이다. 계유정난을 일으킨 이들이 받은 정난공신靖難功臣, 세조를 왕위에 올린 이들이 받은 좌익공신佐翼功臣, 남이의 역모를 진압했다고 받은 익대공신翊戴功臣, 성종을 즉위시키는 데 공을 세웠다고 받은 좌리공신佐理功臣을 모두 받았다. 물론 신숙주와 정인지 등도 네 번 다 공신훈호를 받았지만, 네 번의 공신책봉에서 모두 일등 공신으로 훈호를 받은 이는 한명회밖에 없었다.

욕망과 야망을 구분할 줄 알았던 냉철함

권세가 매우 성해 추부趨附하는 자가 많았고, 빈객이 문에 가득했으나, 응접하기를 게을리하지 아니해, 일시一時의 재상들이 그 문에서 많이 나왔으며, 조관朝官으로서 채찍을 잡는 자까지 있기에 이르렀다. 성격이 번잡한 것을 좋아하고 과대夸大하기를 기뻐하며, 재물을 탐하고 색을 즐겨서, 전민田民과 보화 등의 뇌물이 잇달았고, 집을 널리 점유하고 희첩을 많이 둬 그 호부豪富함이 일시에 떨쳤다. 여러 번 사신으로 명의 서울에 갔었는데, 늙은 환자宦者 정동에게 아부해 많이 가지고 간 뇌물로써 사사로이 황제에게 바쳤으나, 부사副使가 감히 말리지 못했다.

이 기록은 실록에 나와 있는 한명회의 《졸기》에서 발췌한 내용이다. 한명회는 돈과 여자를 밝혔다. 그리고 이 돈으로 자신의 권력을 더 확장하는 데 애썼다. 많은 빈객들을 맞이했고, 이들을 자기 사람으로 만들어 벼슬을 내려준 것뿐만 아니라 자신의 권력을 지키기 위해 명에 줄을 댈 정도에까지 이른다.

솔직하게 말하겠다. 한명회는 정도전과 같이 나라를 설계하거나 개혁할 위치에 있었다. 그가 마음만 먹었다면 충분히 그러고도 남을 권력과 능력이 있었다. 그러나 그는 이 능력을 개인을 위해 사용했다. 후대 사람들이 보기에는 둘도 없는 '간신'처럼 보이지만, 여기에는 나름의 속사정이 있었다. 세조 행정부의 실세는 한명회가 아니라 신숙주였다.

신숙주는 세종대왕이 남긴 최고의 유산이다. 비록 지조나 절의에서는 사육신에 한참 뒤떨어지지만, 그 능력만은 세조 행정부 내에서 범접할 자가 없었다. 중국어, 일본어, 여진어, 몽골어, 위구르어 등 동아시아의 모든 언어에 정통했고, 외교능력, 거시경제에 대한 안목, 군사전략 등 무엇 하나 부족한 게 없는 최고의 관료였다.

세종이 원석을 발굴해 집현전에 넣었고, 집현전에서 갈고 닦아 보석이 된 것을 세조가 써먹었던 것이다. 그가 마흔다섯에 영의정 자리에 오른 것은 당연한 일일지도 모른다.

세조는 신숙주를 사랑했다. 한명회가 권력을 쥐어줬지만, 그 권력으로 만들고 싶은 나라는 신숙주가 함께하는 나라였다. 즉 한명회가 정권을 창출해준 인물이라면, 신숙주는 이 정권으로 새로운 나라를 만들 인물이었다.

성격상으로도 한명회와 신숙주는 정반대였다. 신숙주는 집현전 학사 출신답게 청렴한 성격이었지만, 한명회는 그와는 정반대의 행보를 보였다. 정치면에서도 확연히 차이를 드러냈는데, 신숙주는 세조 행정부의 브레인이었다. 외교 및 군사에 있어서 세조는 신숙주를 전적으로 믿었고, 그의 의견대로 나라를 꾸려나갔다. 반면 한명회는 그럴 능력도 의지도 보이지 않았다.

서로 달랐기에 충돌이 없었다. 또한 달랐기에 이 둘은 친구로 지낼 수 있었다. 실제로 한명회와 신숙주는 친구였다. 만약 이들이 친구가 아니었다면, 또한 둘 다 권력에 대한 야심의 '색깔'이 같았다면 어떻게 됐을까?

한명회는 목숨을 걸고 계유정난에 참여했지만, 신숙주는 계유정난에 참여하지 않았다. 그럼에도 불구하고 신숙주는 정난공신 2등으로 이름을 올린다. 나쁘게 말한다면 숟가락을 얹었다고 볼 수 있다. 정국 안정을 위해 유력인사를 포섭하기 위한 정치적 배려겠지만 이후의 행보, 즉 세조 행정부에서 급부상한 신숙주의 위치를 보면 고깝게 느껴질 수도 있었다. 그러나 한명회는 신숙주와 기꺼이 손을 잡는다.

신숙주에게는 정치적 야심이 있었다. 이 야심은 권력욕에 기반한 것이 아니라 자신의 사상과 철학을 국정에 녹여내겠다는 관료로서, 학자로서의 욕망이었다. 한명회에게는 이런 욕망이 없었다. 설사 있었다고 하더라도 관료로서 신숙주와 그 역량을 견줘 이길 만한 능력은 없었다.

결국 한명회는 권력욕을 채운 것으로 만족했고, 이 권력욕으로 무엇인가를 하겠다는 욕심은 모두 신숙주에게 넘겼다고 봐도 무방하다.

혼인으로 맺은 가장 끈끈한 인맥

한명회가 가진 힘 가운데 하나는 김자점, 윤원형이 권력을 장악했던 이유를 설명했을 때와 비슷하다. 권력을 지키기 위해, 권력을 확장하기 위해 가장 중요한 힘은 인맥이다. 이 인맥을 만드는 것 가운데 최고봉이 바로 결혼이다. 가문과 가문이 결합하는 것이다.

'사랑 – 연애 – 결혼 – 행복'으로 이어지는 낭만적인 등식을 결혼의 절대명제라고 생각하는 것이 오늘날의 상식이다. 그러나 이런 등식이 체계화되고, 시스템적으로 굴러간 역사는 고작 백 년도 되지 않는다. 즉 결혼으로 인맥을 형성하고 부를 통합하고, 권력을 잡는 것은 당시로서는 너무나도 자연스러운 행동이었다. 이러한 혼맥은 심지어 21세기인 지금에도 통용되는 이야기다.

그런 의미로 한명회는 혼婚테크에 가장 성공한 인물이라 할 수 있다. 그의 사돈이 누구였을까? 바로 당대 최고 실세인 신숙주와 당대 군주였던 세조다. 그의 딸들은 세조의 아들과 손자와 결혼했는데, 바로 예종의 비 장순왕후章順王后 한씨와 성종의 비 공혜왕후恭惠王后 한씨다. 삼촌과 조카가 똑같은 장인을 뒀다는 말인데, 당시에도 지금도 이례적인 일이다.

그에게 안타까웠던 점은 두 왕비 모두 요절해 후사를 제대로 보지 못했다는 것이다. 그러나 혼인으로 인한 인맥 형성에 궁극적으로 성공하지는 못했다고 할 수 있겠지만, 두 왕의 장인이라는 것은 한명회에게 커다란 정치적 자산이 되었다.

왕가와의 결혼뿐만이 아니었다. 신숙주와 한명회는 서로 사돈지간이었다. 친구이며, 세조 행정부와 뒤이은 예종과 성종 대에 이르기까지 권력의 핵심에 앉아 있었던 두 명이 피로 연결된 것이었다.

한명회는 자신의 권력과 금력으로 인맥을 만들고, 이 인맥이 다시 자신의 권력과 금력을 지켜주고 확장하는 선순환 시스템을 만들었다. 결혼으로 자신의 권력을 다지고, 돈을 들여 사람을 사고, 심지어 명나라에까지 선을 넣어 자신의 힘을 키운 것을 보면 세상 돌아가는 이치를 일찍부터 깨우쳤다고도 볼 수 있다.

그러나 이것은 어디까지나 한명회의 '노력'이었을 뿐이다. 아무리 노력을 하더라도 시운이 따르지 않는다면 노력은 물거품이 되

모든 권력은 간신을 원한다

기 쉽다. 한명회가 권력을 잡고, 이를 25년간이나 유지할 수 있었던 까닭은 탁월한 시운, 즉 세조 때부터 이어져 온 조선의 '불안정한' 정치 상황때문이었다.

믿지 못하기에 믿었고, 믿었지만 믿지 못했다

세조는 집권 초기 2,000여 명의 공신을 임명해 자신의 정치적 입지를 다졌다. 그는 앞에서 언급한 정공신正功臣 외에 원종공신原從功臣(정공신을 임명할 때 정공신만큼의 큰 공은 세우지 않았지만, 작은 공을 세워 그 공을 인정받은 공신)을 2,000여 명이나 책봉했다. 자신의 정통성 부재를 공신책봉을 통해 만회하려 했기 때문이다. 너나 할 것 없이 공신으로 책봉시키고, '국물'을 나눠줌으로써 자신의 편은 아니더라도 최소한 '손해보지는 않는다'는 인식을 심어줘 주변에 앉혀 둔 것이다.

　문제는 공신이란 책봉할 때는 좋지만, 그 이후가 골치 아프다는 것이다. 앞에서도 언급했지만 공신이 되면 엄청난 특권이 부여된다. 땅은 물론 노비나 각종 포상이 주어졌고 자손들은 음서를 통해 공직에도 진출할 수 있었다. 이렇게 되니 조선 사회에 또 다른 특권층이 형성되었다. 고려 말 귀족들의 전횡에 분노해 사대부들이 들고 일어나 조선이 성립되었는데, 이제 그 사대부들 사이에서 새로운 특권층이 생겨나면서 고려 말 귀족의 행태를 답습하게 된 것이다.

정치적으로도 훈구대신勳舊大臣들이 득세해 왕권을 압박하고, 조정을 정체시키는 악영향을 끼치게 된다. 이 모든 것의 원인이 비정상적으로 권력을 획득한 데 따른 부작용이었다.

조카인 단종을 몰아내고 왕위에 오른 세조, 그는 나름 조선을 잘 다스리려고 노력을 했다. 하지만 정통성이 결여된 통치자의 행보는 다 거기서 거기인 경우가 많았다. 좌익공신에 성삼문과 같은 사육신이 포함된 것도 어찌 보면 세조의 몸부림이었을지도 모른다. 세조는 정통성 결여라는 약점을 만회하기 위해 조정의 정치세력들을 끌어들여 큰 그림을 그려보려고 했지만, 그 결과는 참담했다. 기껏 공신으로 책봉해 놨더니만 자신의 목에 칼을 겨눴던 것이다.

사육신 사건 이후 세조는 자신의 측근세력에 대한 집착을 보이게 된다. 그래도 믿을 이는 혁명동지밖에 없다는 판단에서일까? 그래도 같이 사선을 넘은 동지들은 믿을 수 있다는 생각에서 세조는 공신들을 우대했고, 이들을 위주로 정치판을 짜 나갔다.

결국 믿을 수 있는 사람은 측근, 공신들뿐이라 생각했던지 세조는 유독 공신들에게 관대했다. 다른 왕이었다면 목이 떨어져도 몇 번이 떨어졌을 실수라도 세조는 두 눈을 질끈 감고 참아 넘겼다. 그 대표적인 사례가 네 번이나 공신책봉을 받았던 정인지鄭麟趾였다. 그는 술에 취해 세조를 '너'라고 부르기까지 했다. 평범한 임금이었다면 목을 떨궈도 몇 번을 떨굴 상황이었다. 게다가 정인지의 이런 실수는 한 번이 아니었다.

모든 권력은 간신을 원한다

"하동군河東君 정인지가 주상主上을 일컬어 태상太上이라고 했으니, 진실로 신자臣子의 뜻이 아닙니다. 청컨대 죄를 가하소서" 하니, 임금이 윤허하지 아니했다.

정창손 등이 다시 청하니, 전교하기를 "하동군이 예전에도 내게 이와 같이 말했는데, 경들은 무엇을 괴이히 여기는가? 또 그가 훈공이 있는데, 어찌 죄를 가함이 마땅하겠는가?"

《조선왕조실록》세조 12년(1466년) 2월 15일자

이제는 세조에게 태상太上이라고까지 부른 것이다. 태상이 무슨 의미이기에 지켜본 신료들에게서 저렇게 격렬한 반응이 나왔을까? 태상은 상왕上王, 즉 전 국왕이라는 뜻이다. 정치적으로 해석한다면 그만 왕위에서 물러나라는 소리로도 받아들일 수 있다. 왕조 국가에서 신하가 왕 면전에다 대놓고 물러나라고 말한 것이다.

여기서 우리가 주목해야 할 대목이 바로 세조의 발언이다. "하동군이 예전에도 내게 이와 같이 말했는데", 요약하자면 정인지가 이런 실수를 한 적이 한두 번이 아니니 이번에도 대충 넘어가자는 뜻이다. 그리고 따라붙는 "그가 훈공이 있는데, 어찌 죄를 가함이 마땅하겠는가?"라는 말을 보면, 세조가 공신들에 대해 어떤 태도를 취했는지 엿볼 수 있다.

세조가 '한성질'하던 왕이었음을 생각한다면, 그가 얼마나 참고 또 참았는지를 알 수 있을 것이다. 그리고 그 인내의 끝에는 그의 정치적 불안감이 있다는 것도 어느 정도 추측할 수 있을 것이다.

여기서 그의 불안감이 어느 정도였는지를 가늠할 수 있는 사건 하나를 잠깐 언급하고자 한다. 바로 그의 오른팔과 왼팔이라 할 수 있는 한명회와 신숙주의 구금이었다.

군사를 거느리고 가서 신숙주와 그 아들 신찬, 신정, 신준, 신부 등을 잡아다가 의금부에 가두게 하고, 한명회는 단종^{丹腫}이 발병해 집에 있으므로 영천군^{鈴川君} 이찬으로 하여금 보병 서른 명을 거느리고 가서 지키게 하고, 그 아들 한보^{韓堡}와 사위 윤반^{尹磻}을 가두게 했으며…

《조선왕조실록》세조 13년(1467년) 5월 19일자

이시애의 난이 일어나자 세조는 한명회와 신숙주를 의금부에 가둔다. 당시 이시애가 한명회, 신숙주와 결탁해 반란을 일으켰다는 보고를 올렸던 것이다. 물론 이는 이시애의 교란책이었다. 세조 행정부의 오른팔과 왼팔이라 할 수 있는 한명회와 신숙주였기에 누가 봐도 말이 안 되는 이야기였지만, 세조는 혹시나 모를 불안감에 이들을 의금부에 가뒀다. 바로 어제까지 '나의 장자방과 위징'이라며 추켜세웠던 세조지만, 불안은 어쩔 수 없었다.

"신숙주는 대신이다. 중죄에 간여하지 않았으면 가쇄^{枷鎖}를 가하지 않는다. 만약에 종친과 향화인^{向化人}(귀화한 사람)이면, 너희들이 의뢰할 수 없는 형세인 까닭에 형구에 잡아매는 것을 반드시

야전부시夜戰賦詩

《북관유적토첩》에 수록된 삽화로, 신숙주가 함경도 도제찰사 시절 여진족을 물리친 역사
를 담았다. 당시 신숙주는 여진족의 야습을 받았음에도 당황하지 않고 적에게 시 한 수를
건넸다고 한다. 세조는 이러한 그를 당 태종의 명신 위징에 비유하기도 했다.

압구정도 鴨鷗亭圖

한명회는 신숙주의 자질을 인정하고 그와 권력을 다투는 대신 공존을 선택했다. 그래서 그는 정치적 야심을 포기하고, 별장인 압구정에서 부귀에 대한 욕망을 채웠다. 어지간한 현실 감각이 없다면 불가능한 냉철한 선택이었다. 겸재 정선 작.

이처럼 허소虛疎하게 하지 않았을 것이다. 너희들이 어찌 어리석어 법을 알지 못한 것이겠느냐? 반드시 신숙주에게 공을 구하려고 해, 슬그머니 뒷날의 처지를 생각해서였을 것이다" 하고 국문이 최한공에게 미쳤다.

이에 대답하기를 "신숙주 등의 항쇄頂鎖가 너무 좁아서 한 모금의 물도 마시지 못하므로, 남용신에게 청하였더니, 남용신이 당해 관원인 까닭에 항쇄를 늦추어 줬습니다."

《조선왕조실록》세조 13년(1467년) 5월 22일자

의금부에 가둔 신숙주의 칼이 헐겁다며 담당관을 문초한 것이다. 결국 담당관은 죽게 된다. 상식적으로 바라본다면 신숙주와 한명회가 반란에 가담할 이유가 없었지만 세조의 불안감은 이 정도로 깊었다. 훗날 난이 진압되고 나서 세조는 이들에게 사과한다.

권력의 중심에서 천수를 누리다

세조는 측근들에 의지해 정치를 했지만, 그 측근들조차도 믿을 수 없었다. 결국 재위 말기에 이르면 남이를 비롯한 '신 공신'을 키워 측근들을 견제하고자 했다.

'견제와 균형.' 권력을 제어할 수 있는 가장 고전적이고 확실한 방법을 선택한 것이다. 그러나 신 공신세력이 다 크기도 전에 세조는 죽었고, 뒤를 이은 예종은 이들을 제거해버린다.

'기사회생起死回生.' 이제 내리막길로 접어들었던 한명회로서는 다시 한 번 재기의 날갯짓을 할 수 있었던 기회가 찾아온 것이었다.

운은 계속 이어졌다. 예종이 일찍 죽으면서 후계구도가 꼬이게 되자 한명회는 다시 한 번 기회를 잡게 된다. 이로써 왕위 계승서열 3위인 자을산군이 한명회의 도움을 받아 왕으로 즉위한다. 바로 성종이다. 당시 한명회의 위세를 확인할 수 있는 대목이 하나 있다.

전하께서 즉위하신 초기에는 원상과 더불어 정사를 의논해야 하였으나, 이제는 전하의 성학聖學이 고명해 서무를 친히 결정 하시니, 조정에 일이 있으면 정원政院에 의논하거나 혹은 주서注 書로 하여금 대신의 집에 가서 묻게 할 것이요, 만약 큰 일이 있 으면 불러오게 해 의논하는 것이 가하며, 노성老成한 신하로 하 여금 아침저녁 정원에 앉아서 일하게 하는 것은 불가합니다.

《조선왕조실록》성종 3년(1472년) 6월 19일자

사헌부지평 박시형이 원상제의 폐지를 들고 나온 것이다. 일이 이렇게 되자, 사헌부 관원들이 들고 일어났다. 이들은 박시형에게 자기 혼자 멋대로 말한 것이라고, 성종에게 가서 대죄를 청하라고 압력을 넣는다. 사헌부라 하면 관리들을 감찰하는 관청이 아닌가? 이런 관청이 한명회와 공신들의 눈치를 봤던 것이다. 실제로 박시 형은 성종에게 가서 머리를 조아리게 된다.

오늘 아침에 신이 원상院相을 파하도록 청했으나, 이 일은 신이 본부와 더불어 의논해 아뢴 것이 아닙니다. 물러와서 생각해보니 실로 전도顚倒되었습니다. 청컨대 대죄待罪하게 하소서.

《조선왕조실록》성종 3년(1472년) 6월 19일자

원상이란 재상들이 어린 왕을 보좌해 국정을 돌보는 것을 가리킨다. 보좌라고 말하지만, 실상은 아직 국정 경험이 모자란 왕을 대신해 나라를 운영했다고 봐도 무방하다. 단종 시절 김종서가 대표적인 예라 할 수 있는데, 이 당시에는 한명회를 비롯한 공신세력이 국정을 운영하고 있었다.

그런데 사헌부 소속 관료가 이에 대해 반대 의견을 냈다가 황급히 뜻을 거둔 것이었다. 성종 초기만 하더라도 사헌부가 왕보다는 한명회를 비롯한 공신세력의 눈치를 봤던 것이다.

그렇다면 성종은 어떻게 이들 공신세력들을 몰아내고 친정에 들어갈 수 있었을까? 방법은 간단했다. 일단 기다리는 것이다. 세조 시절부터 활약했던 연로한 신하들이기에 그 수명이 다할 때까지 조금 더 기다리는 것만으로도 충분했다. 다만 그 뿌리가 너무도 깊었기에 성종이 친정을 할 때까지 남아 공신이 공신을 낳는 식으로 흐름을 이어갔다.

이때 성종이 택한 방법은 사간원을 필두로 한 신진관료들을 끌어안는 것이었다. 간관諫官들에게 힘을 실어줘 훈구대신들을 견제하고, 더불어 자신의 친위세력으로 육성하려 했던 것이다. 세조가 공신들을 자신들의 친위세력으로 삼으려 했던 것과 같은 이유였지만, 성종은 할아버지와 달리 자신들이 믿고 의지하려 했던 간관들에게 휘둘리게 되었고, 재위 기간 내내 간관들의 목소리에 뜻을 굽히는 모습을 자주 보이게 된다.

한명회는 이렇게 권력에서 밀려나게 되었다. 밀려난 뒤에도 그는 부귀영화를 누리면서 끝까지 그 자연수명을 다 채웠다. 나쁘지 않은 삶, 아니 좋은 삶이었다. 말년이 쓸쓸했다고 하지만 성종은 그가 몸이 아프다 하자 내관과 의원을 보내 살피게 했고, 그의 이름은 명 황제에게까지 전해졌다.

다만 훗날 연산군 시절 벌어진 갑자사화甲子士禍 당시 연산군의 어머니인 윤씨의 폐비 논의에 참여한 12간奸으로 지목돼 관작을 추탈당하고 관에서 꺼내져 부관참시됐다. 그리고 잘려나간 목은 한양 네거리에 걸리게 된다. 이것이 오점이라면 오점이겠지만, 한명회가 살아 있을 적에 누렸던 부귀영화의 계산서로 본다면 싸게 먹혔다고 봐야 한다.

한명회는 간신이었을까?

한명회는 간신이라기보다 권신이라고 보는 게 맞을 듯하다. 칠삭둥이로 태어나 번번이 과거에 낙방한 콤플렉스 덩어리였지만, 권력에 대한 남다른 집착으로 마침내 뜻을 이뤘고, 잡은 권력을 놓지 않기 위해 자신의 역량을 모두 동원해 25년 간 권력의 핵심에서 살아남았다.

물론 이 막강한 권력을 나라의 발전을 위해 사용했다면 후대와 역사로부터 후한 평가를 받았을 것이다. 그러나 그런 인물은 이미 그의 주변에 있었다. 바로 신숙주다. 한명회에게는 신숙주와 같은 능력과 의지가 없었다. 한명회는, '권력' 그 자체를 가지는 것 말고는 할 게 없었다.

국가를 개혁할 의지 없이 권력 의지만 가진 사람이라면 권력에서 배제하는 것이 옳다고 생각할지도 모르겠다. 그러나 그것이 과연 옳은 생각일까? 공공의 이익을 생각한다면 물론 옳은 이야기다. 그러나 '정권'의 입장에서는 어떠했을까?

세조는 왕이 되고 싶어 조카의 왕위를 빼앗았다. 그 결과 정통성이 빈약한 정권에서 조정을 이끌어야 했다. 이징옥의 난, 사육신, 이시애의 난 등 계속 이어진 역모로 드러난 빈약한 정통성은 국정 운영에 발목을 잡았다. 신하를 믿을 수 없는 상황에서 세조는 자신과 쿠데타를 함께한 공신들에게 의지하게 됐다. 비록 공신들이 인간적으로 결함이 있더라도 정권을 빼앗기거나 죽는 것보다는 백 배 낫기 때문이다.

즉 한명회라는 존재를 만든 이 또한 군주, 세조다. 한명회가 간신이라면, 세조는 폭군이자 혼군이 된다. 반대로 단종이 그대로 왕위에 있었다면, 한명회가 역사에 등장할 기회는 없었을 것이다. 다시 말하지만 간신은 태어나는 것이 아니라 만들어지는 것이다. 그리고 간신을 만드는 것은 지도자, 왕이다.

우리는 공익을 기준으로 역사와 정치를 바라본다. 그러나 그 역사와 정치를 만드는 것은 사람이다. 우리는 사람의 이기심과 욕망을 너무도 쉽게 잊어버린다. 그래서 욕망을 엄격하게 다스리고 오로지 공익을 기준으로 삼아 판단하는 사람, 그런 사람들에게 권력을 맡겨야 한다고 생각한다.

분명하게 말하지만, 자신보다 타인을 우선하며 보이지 않는 곳에서도 반듯한 사람을 찾아 '국가의 일꾼'으로 삼는 일은 불가능하다. 플라톤이 주장한 철인정치에서나 가능할 법한 발상이다. 그런 사람들이 없는 것은 아니다. 또한 그렇게 사사로운 욕심을 버리고 공익을 우선하는 이들을 칭찬하고, 그들의 업적을 널리 알리는 것은 옳은 일이다. 그러나 이런 특출한 사람을 기준으로 삼아 보통사람들과 그들의 욕망이 빚어낸 합인 역사와 정치를 바라보는 것은 너무나 낙천적인 접근방식이다.

가내수공업을 이끄는 리더든 국가 범위의 집단을 통치하는 지도자든 조직을 관리할 때 필요한 마음가짐은 곁에서 함께 일하는 사람이 사리사욕 없이 기꺼이 희생하는 삶을 살아줄 것이라고 기대하는, 그런 인간에 대한 낙관적인 믿음이 아니다. 조직의 지도자에게 필요한 덕목은 욕망을 동력으로 삼는 인간의 특성을 인정하고 그 욕망에서 비롯되는 힘을 적절히 이용할 줄 아는 냉철함이다. 그리고 조직에게 필요한 것은 충신과 간신을 선별해내는 지도자의 '지혜'가 아니라 능력 있는 조직원들이 간신이 되지 않도록 제대로 관리할 수 있는 '제도' 자체다.

한명회는 자신의 욕망에 충실했다. 다만 세조와 이후 조선의 상황이 이를 제어하지 못했을 뿐이다.

김
질

역사를 배신하고
자신을 선택한
그날의 결정

성삼문이 말하기를 '좌의정(한확)은 북경에 가서 아직 돌아오
지 아니했고, 우의정(이사철)은 본래부터 결단성이 없으니, 윤사
로, 신숙주, 권남, 한명회 같은 무리를 먼저 제거해야 마땅하다.
그대의 장인은 사람들이 다 정직하다고 하니, 이러한 때에 창의
唱義해 상왕을 다시 세운다면 그 누가 따르지 않겠는가?

《조선왕조실록》세조 2년(1456년) 6월 2일자

사육신의 최후를 예감하는 말이자, 김질金礩이 '배신자'로 역사
에 기록된 순간이다. 이야기의 얼개는 아주 단순하다.

첫째, 김질은 성삼문, 신숙주와 함께 문종의 사랑을 받았던 신진관료였다.

둘째, 세조가 단종을 몰아내고 왕이 된다.

셋째, 성삼문이 세종과 문종의 사랑을 받았던 옛 총신들을 규합해 단종복위 거사를 준비한다.

넷째, 김질이 합류한다.

다섯째, 거사가 실패한다. 다만 계획이 실행되지 못했기에 이들의 존재 자체가 드러나진 않는다.

여섯째, 계획이 실패하자 김질이 목숨을 잃을까 두려워 세조에게 이 사실을 밀고한다.

문종이 아끼던 충직한 신하, 김질

김질의 이력은 특이하다. 음서로 무관이 되었다가 사가독서賜暇讀書를 청원했다. 이후 과거에 응시해 문종 즉위년에 급제함으로써 집현전으로 들어간다. 오늘날에 비유해보면 9급 공무원으로 합격한 뒤 계속 공부를 해 7급 공무원에 합격한 정도일 것이다.

　여기서 주목해야 하는 지점은 김질이 사가독서를 청했다는 부분이다. 지금으로 치자면 대학교수들의 안식년에 비유할 수 있다. 당시 조선 조정에서는 정책적으로 똑똑한 청년 관료들을 따로 뽑아 오로지 책만 읽게 배려했다. 그 시작은 세종대왕 시절까지 거슬러 올라가는데, 1426년(세종 8년) 겨울에 세종은 집현전의 전도유망한 청년 관료 세 명을 친히 부른다. 그리고 이들 권채權採, 신석견辛石堅, 남수문南秀文에게 다음과 같은 지시를 내린다.

> 내가 너희들에게 집현관을 제수한 것은 젊고 장래가 있으므로 다만 글을 읽혀 실제 효과가 있게 하고자 함이었다. 그러나 각각 직무로 인해 아침저녁으로 독서에 전심할 겨를이 없으니, 지금부터는 본전本殿에 출근하지 말고 집에서 전심으로 글을 읽어 성과를 보여 내 뜻에 맞게 하고, 글 읽는 규범에 대해서는 변계량卞季良의 지도를 받도록 하라.
>
> 《조선왕조실록》세종 8년(1426년) 12월 11일자

사가독서제가 시작된 데 대한 기록이다. 세종은 인사가 만사라는 생각으로 당장 인재를 끌어와 쓰기보다는 잘 키워 훗날 더 크게 쓰자는 판단을 내렸던 것이다. 문제는 이렇게 책을 읽을 수 있도록 인재들에게 휴가를 줬더니 주변 사람들이 이들을 내버려두지 않았다는 것이다.

> 집에 있으면 사물事物과 빈객을 응접하지 않을 수 없으므로 산속에 있는 한가하고 고요한 사찰만 못합니다.
>
> 《조선왕조실록》세종 10년(1428년) 3월 28일자

세종은 사가독서를 마치고 돌아온 김자金赭에게 성과를 물었다가 집에 있으니 독서를 방해받아 집중하기 어려웠다는 보고를 받았다. 이에 세종은 2차로 사가독서를 간 성삼문成三問, 신숙주, 서거정徐居正 등에게 집 대신 사찰로 들어가라는 명을 내린다. 이후 유교 국가 조선에서 유학자들을 절로 들여보내는 것이 꺼림칙하다는 의견이 나왔기에 오늘날 마포 한강변에 있던 빈 사찰을 개조해 독서당讀書堂이라는 국가연구기관을 세운다. 몇 번의 부침이 있었지만 독서당은 그 명맥을 계속해서 이어나갔고, 세종 8년(1426)부터 시작해 영조 49년(1773)에 이르기까지 총 48차례에 걸쳐 320명의 젊은 관료들이 사가독서를 한다.

지금의 기준으로 보자면 안식년 한 번 받은 것이 대수냐고 생각할 수도 있겠지만, 사가독서에 선출된 젊은 문신들은 사가문신이라 불리며 상당한 영예로 받아들여졌다. 이들을 영예롭게 생각한다는 것은 그만큼 나라에서 대우를 해줬다는 의미이기도 하다.

젊은 문신들을 뽑았기에 직급은 대부분 당하관급(오늘날 서기관급) 수준이었지만 이들에 대한 대우는 당상관급, 즉 차관급 대우였다. 중종 시절 흉년이 들어 이들에 대한 대우를 어떻게 해야 할지에 대해 조정에서 고민할 때 중종은 훗날 이들을 높게 쓰기 위해 따로 가려 뽑은 것이니 당하관급이 아니라 당상관급으로 지원을 해야한다고 말했을 정도였다. 대우부터가 파격적이었다.

실질적인 혜택도 파격적이었다. 사극 등에서 대제학大提學이란 직책을 들어본 적이 있을 것이다. 조선시대 선비들은 영의정보다 대제학 자리를 더 높게 보고 더 영광으로 생각했다. 조선의 학문을 총괄하는 자리라는 인식 때문이었다. 오늘날로 치자면 교육부 장관과 서울대학교 총장을 합쳐놓은 자리라고 생각하면 이해가 쉬울 듯하다. 조선에서는 이 대제학 자리에 오를 수 있는 자격을 독서당을 거친 사람에게만 부여할 수 있도록 제도화했다.

이처럼 사가독서는 아무나 신청할 수 있는 제도가 아니었다. 그런데 음서 출신, 그것도 문관도 아닌 무관인 김질이 이를 청했고, 세종이 이를 허락했단 것은 김질이 나름 능력이 있었으며, 이를 주변에서도 인정해줬다는 의미로 받아들일 수 있다. 특히나 당시 세종의 곁에서 대리청정하던 문종이 그를 매우 아꼈었다. 그렇기에 성삼문이 그를 거사에까지 합류시킨 것이었다.

당연한 수순이었다. 문종의 총애를 받았고, 집현전 학사 출신이었으며, 성삼문 등과 같은 집현전 학사들과 친했다. 단종 복위를 논한다면 당연히 그가 참여해야 했다.

세조가 아꼈던 그의 장인, 정창손

배신이란 배신하고 나서 자신의 안전이 보장된다는 확신이 서야 가능하다. 잘못했다간 밀고를 한 쪽에서도 배척받을 수 있다. 김질에게는 안전장치가 있었다. 바로 장인 정창손鄭昌孫이다.

정창손은 세종이 키워낸 인물이다. 1423년(세종 5년)에 문과에 급제해 그 학문을 인정받아 집현전에 들어갔다. 고전과 역사에 밝았던 그는 정인지鄭麟趾와 함께 《고려사》, 《고려사절요》 등을 편찬하는 데 앞장섰다. 문제는 그가 보수주의자였다는 대목이다.

세종이 훈민정음을 창제했을 당시 최만리 등과 함께 반대했었고, 세종이 불경을 간행하려 했을 때 이 또한 반대했다. 그는 유교 논리에 입각한 보수주의자였다. 그런 그가 인생의 변곡점을 맞이한 계기가 바로 계유정난이다. 그의 조카(소용 정씨)가 문종의 후궁이었음에도 그는 세조의 편에 섰다. 단순히 세조 쪽에 줄만 댄 것이 아니라 세조의 참모로 맹활약했고, 나중에는 세조에게 즉위하라고 건의하기까지 할 정도였다. 그렇기에 세조도 정창손을 믿고 의지했다. 이런 상황에서 김질이 단종복위 거사에 참여한 것이었다.

당시 사육신들은 명 사신의 환송연 자리에서 세조를 제거할 계획을 세웠었다. 마침 성삼문의 아버지 성승과 유응부가 세조의 운검雲劍(특별한 행사가 있을 때 의전과 경호를 위해 차출되어 왕의 곁을 지키는 2품 이상의 무반)으로 뽑혔다. 절호의 기회였다. 보디가드가 암살을 한다면 누가 막을 수 있을까?

그러나 세조가 운검을 취소시켰다. 성삼문이 나서서 운검을 취소할 수 없다고 말했지만, 결국 세조의 뜻대로 운검을 없앴고, 세조 제거계획은 실패하게 된다. 채 칼도 뽑아보지 못한 상황에서 계획이 무산되자 김질은 겁을 먹게 된다. 언제나 그렇지만, 계획이 늦춰지면 그만큼 새어나갈 확률이 높아진다. 성삼문은 후일을 도모하겠다며 두 번째 계획을 준비했지만, 그 전에 계획이 발각된다면 어

모든 권력은 간신을 원한다

떻게 될까? 여기에까지 생각이 미친 김질은 정창손에게 달려가 사정을 설명했다.

　여기서 흥미로운 지점이 정창손의 입장이다. 정창손은 집현전 출신이다. 바로 이 집현전 출신이라는 데 주목해야 한다. 사대부로서의 의리뿐만 아니라 한 인간으로서의 윤리로 봐도 정창손은 세종과 문종을 배신한 인물이 된다. 그러나 선비로서 마땅히 지켜야 하는 도리에 가려진 개인적인 입장을, 나아가 집현전 학사 출신들의 욕망도 의리와 함께 생각해볼 필요가 있다.

> 이예李芮가 아뢰길 "세종 시절 집현전의 예例에 따라 예문관에만 오래 두면서 다른 관직을 제수하지 못하게 하되 차례로 승진시키는 한편, 때로는 사가독서도 하게 하면서 십여 년을 우유優游(여유 있게 학문을 연구함)하게 한다면 박학능문博學能文의 학자가 배출될 것입니다" 하니 임금께서 좌우에게 물었다.
> 영사領事 신숙주가 아뢰었다. "모든 학자들이 과거에 급제한 이후로는 모두가 영진榮進만을 생각하고 독서하기를 좋아하지 않습니다. 그러니 뜻이 있는 선비가 아니라면 누가 학문에 전심전력을 하겠습니까? 이예가 아뢴 것이 지당합니다."
> 《조선왕조실록》성종 5년(1474년) 4월 8일자

　성종 시절 대사헌 이예가 예문관원들의 학문을 증진시키기 위한 방법을 건의한 기록이다. 집현전 학사들의 예처럼 예문관에만 있게 하고, 다른 관직을 주지 말아야 한다는 주장이다. 이예의 말을 받아 신숙주도 이야기를 이어간다. 모든 학자들이 과거에 급제한 이후에는 승진이나 성공만을 생각하느라 정작 공부하기를 꺼린다는 지적이었다. 따라서 집현전 시절에서처럼 다른 관직을 주지 말고 학문 연구만 할 수 있도록 지원해야 한다고 이예의 말에 찬동하는 모습을 보인다.

이것이 집현전의 '실체'다. 집현전은 학문연구기관이다. 오늘날로 치자면 국가의 싱크탱크다. 그러나 집현전 학사 가운데에서도 현실정치에 뜻을 품은 이들이 없었을까? 기껏 학문을 갈고 닦았음에도 이를 현실정치에 펼쳐보지 못한 채 자문이나 연구만 해야 한다면 그 심정은 어떠했을까?

정창손이 바로 이런 경우였다. 그러나 세종은 배운 학문을 정치에 적극적으로 적용하고 싶어 하던 집현전 학자들의 야심을 힘으로 억눌렀다.

집현전은 오로지 문학을 위해 설치한 것이나 오래 그 벼슬에 있는 사람들이 모두 싫어한다. 하여 지금 응교應敎 정창손을 집의執義로 제수했는데 집현전의 여러 선비들이 이것을 빌미로 삼아 자신들도 다른 벼슬로 옮기고자 하니, 그 업에 힘쓰지 않는 일이 없을까. 창손도 도로 집현전에 제수하려고 하는데 어떠한가. 그것을 여럿이 정부와 의논하라.

《조선왕조실록》세종 27년(1445년) 8월 3일자

모든 권력은 간신을 원한다

정창손은 세종의 총애를 받던 신하였다. 아울러 현실정치에 대한 욕망이 강한 학자 가운데 하나였다. 실록에 기록된 이때를 눈여겨봐야 하는데, 세종이 일선에서 물러나 문종이 대리청정을 하던 시기였기 때문이다. 즉 세종은 정치에서 손을 뗐음에도 불구하고 돌연 일개 집현전 학사의 인사에 개입한 것이다.

이 당시에도 집현전 학사들은 현실정치에 참여하고자 하는 욕망을 보이고 있었고, 정창손은 그 대표적인 인물이었다. 세종은 여기서 정창손이 물꼬를 튼다면 다른 집현전 학사들까지 모두 집현전을 빠져나갈지도 모른다는 불안감이 들었다.

세조 시절 집현전이 사라졌지만 집현전 출신 학자들이 대거 현실정치에 참여했던 이유가 바로 여기에 있다. 세조는 집현전 학사들의 불만을 잘 알고 있었고, 이를 활용했다. 정창손이 세조에게 붙어 계유정난에 합류한 이유도 여기에서 찾을 수 있다.

그렇다면 그의 사위인 김질은 어땠을까? 표면적으로 그는 수양대군의 사람이었다. 아니, 최소한 수양대군의 포섭대상이었다.

김질, 김명중, 정수충 등이 비록 6품으로 정4품의 직사職事를 제수받았으나, 신이 모두 교지를 받아 제수한 것이니 헌부憲府에서 서관庶官(모든 관리)을 규찰하고, 신이 또한 교지를 받들어 백료百寮(모든 관원)를 규찰한다 해도, 어찌 그 사이에 사사로운 뜻이 있겠습니까?
《조선왕조실록》 단종 2년(1454년) 8월 11일자

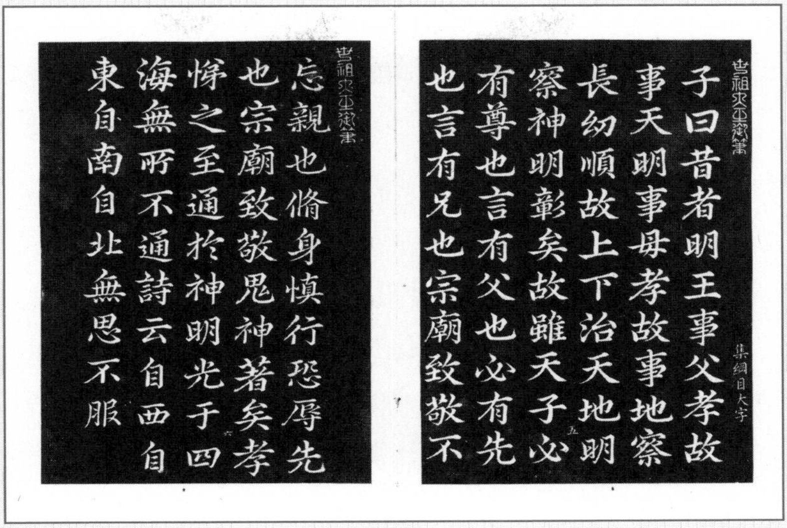
世祖大王御書
子曰昔者明王事父孝故
事天明事母孝故事地察
長幼順故上下治天地明
察神明彰矣故雖天子必
有尊也言有父也必有先
也言有兄也宗廟致敬不
世祖大王御書
忘親也脩身愼行恐辱先
也宗廟致敬鬼神著矣孝
悌之至通於神明光于四
海無所不通詩云自西自
東自南自北無思不服

▲《열성어필 탁본첩》 가운데 세조의 어필 부분.

《열성어필》은 조선시대 임금들의 어필을 수록한 책으로, 잇따른 전란으로 상당수 어필이 멸실되자 1662년(현종 3) 남은 국왕 9인의 어필을 모아 처음 간행했다. 《열성어필 탁본첩》에 실린 세조의 어필은 《효경》〈응감장〉을 옮겨쓴 것이다. 국립고궁박물관 소장.

"현군은 아버지를 섬김에 효를 다했다. 그러므로 하늘을 섬기는 데에도 분명했다. 또한 어머니를 섬김에 효를 다했다. 그러므로 땅을 섬김에도 자세했다. 어른과 아이가 도리에 맞게 따랐으니 상하가 잘 다스려졌다."

◀ 독서당계회도讀書堂契會圖

조선 선조 시기, 오늘날 서울 옥수동 주변의 독서당에서 사가독서했던 관원들의 모임을 기록한 그림. 당시 참여한 이들은 윤근수, 정유일, 정철, 구봉령, 이이, 이해수, 신응시, 홍성민, 류성룡 등 9인이다. 보물 제867호. 서울대학교 박물관 소장.
사가독서제는 젊은 문신들을 양성하고자 세종이 마련한 제도로 훗날 규장각이 설립되면서 폐지되었다.

계유정난 이후 조정을 장악한 세조는 김질을 초고속으로 승진시킨다. 별것 아닌 것 같겠지만, 파격적인 조치였다. 조선시대 인사제도는 의외로 깐깐해 품계 1급이 승진하는 법적 기한은 참상관(종3품부터 종6품까지) 때는 900일, 참하관(종6품 이하) 때는 450일이었다. 오늘날에 비유하자면 승진 연차가 있었다는 것이다. 이 기간 동안 출근을 다 해야 하고, 상관의 인사평가를 통과해야지만 승진할 수 있었다. 그러나 김질은 이 모든 절차를 뛰어넘어 승진을 한 것이다. 발탁승진이라고 해도 너무 빨랐다. 그 이면에는 정창손의 사위라는 배경도 있었겠지만, 집현전 학사들을 포섭하려는 세조의 계산도 깔려 있었을 것이다.

그날 하루의 선택

김질의 인생은 사육신 고발 이전과 이후로 나뉜다. 사육신 고발 이전까지만 하더라도 똑똑하고 당찬 젊은 관료였지만, 이후의 김질은 능력 있고 똑똑한 실무형 관료의 모습을 유감없이 보여준다. 물론 세조에 대한 충성은 덤이었다.

하긴 배신자가 아닌가? 명예와 지조를 우선시하는 유교사회에서 김질의 행동은 아무리 잘 포장하더라도 '동료를 배신한 밀고자'였다. 그런 김질에게 기댈 곳은 세조뿐이었다. 이를 잘 아는 세조는 그를 특별히 총애했고, 국정 운영의 전면에 내세웠다.

특히나 군사 분야에 있어서 김질의 행보는 주목할 필요가 있다. 그는 변방을 약탈하는 여진족에 대해 강경책을 건의하면서, 이에 대한 대비로 북방의 성곽을 보수하고 병력을 파견해 국경을 튼튼히 해야 한다고 역설했다. 남쪽의 왜구에 대해서도 미리 방비를 해야 한다면서 똑같은 주문을 했었다.

평안도와 황해도, 함경도 도순찰사에 서북면 도체찰사가 되어 세조의 서쪽 지방 순행을 수행할 정도로 세조는 그의 국방 전문성을 인정했다. 문제는 그가 너무 강경했다는 부분이다.

일찍이 하이도下二道(경상도, 전라도)의 군적 순찰사軍籍巡察使가 되었는데, 세조의 뜻이 사려師旅(군대)를 확장하는 데 있는 것을 알고 오직 받들어 순종해 군액軍額을 늘리기에만 힘써서, 한산한 문무과 출신과 생원, 진사를 다 군열에 편입해 비록 심한 폐질이 있는 자라도 혹 면제되지 못하는 수가 있었으며, 종사관 양진손梁震孫은 더욱 각박했으므로 원망이 여러 곳에서 일어났다.

그의 《졸기》 가운데 일부를 발췌했다. 병력 증강을 생각하는 세조의 뜻에 따라 군적을 조사하게 됐는데, 이때 김질은 병역을 면제받거나 회피하는 양반과 평민들을 모두 찾아내 군역을 부과했다.

세조의 뜻을 받들었다 하지만, 끌려가는 입장에서는 달가울 리없었다. 이렇듯 김질은 세조 행정부의 국방정책에 깊숙이 관여했고, 성과를 일궈냈다. 그의 배신자 이미지 덕분에 과소평가되는 부분이 있지만, 세조 시절의 주요한 국방정책은 그가 주도했거나 그를 통해 실행됐다. 그런 그를 세조는 믿었다.

이후의 관료 생활은 순탄하기만 했다. 신숙주, 한명회와 함께 세조, 예종, 성종 때까지 차근차근 올라가 벼슬이 좌의정에 이르렀고, 신숙주, 한명회와 함께 원상院相의 자리에 앉아 국가를 운영했다. 이후 57세의 나이로 그 자연수명을 다하고 평안하게 죽었다.

역사적 평가를 차치하고 살펴보면 그의 인생에서 오점은 거의 없었다. 관료로서의 모습은 건실했고, 능력도 인정받았다. 사생활 면에서도 깨끗했다. 부모에게 효도를 다했고 형제간의 우애도 좋았다. 선비로서 물러날 때도 알았다. 1477년(성종 8)에 병을 이유로 사직을 청한 다음, 그 이듬해에 세상을 떠났다.

1456년 6월 2일. 이 하루를 빼면 그의 평생은 괜찮은 인생이었다. 그러나 동료들을 배신한 단 하루 덕분에 그는 지금까지 '간신'이라는 오명을 뒤집어써야 했다.

물론 이 하루가 역사의 물줄기를 바꿔놓았다는 것은 인정해야 한다. 김질이 결단을 내린 그날은 조선의 판도가 뒤바뀌고, 역사의 주인공 이름이 바뀐 하루이기도 했다. 이 하루의 선택 때문에 최소한 500명 이상의 사람들이 처형당했고, 그 몇 배나 되는 이들이 하루아침에 노비가 되거나 유배를 떠나게 됐다. 이들의 아내나 딸들은 공신들의 노리개가 되거나 첩이 되었다.

김질이 배신자의 상징으로 비난과 조롱의 대상이 된 것은 어찌 보면 당연한 일일지도 모른다. 그러나 그가 '간신'이었는가에 대해서는 물음표를 떠올릴 수밖에 없다. 더욱이 그의 후손 중에 '김자점'이란 희대의 간신이 나오면서, 그의 간신 이미지가 더욱 도드라지게 덧칠된 면도 없지 않다.

기회주의자인가? 엘리트 관료의 변신인가?

그는 능력 있고 야망 있는 집현전 학사로, 자신의 능력을 현실정치에 펼쳐 보이고 싶어 했다. 그런데 지금으로 치자면 국책연구소의 능력 있는 연구원이었던 그에게 정치적 격랑이 덮쳐왔다. 그 파도 위에서 김질은 지극히 '이기적인' 결정을 내렸을 뿐이다. 그것은 자신의 생명을 건 '도박'이기도 했다.

자신의 생명이 걸려 있는 문제와 맞닥뜨렸을 때 우리는 어떤 선택을 내리게 될까? 스스로의 삶과 동료의 죽음 가운데 하나를 택해야 한다면 어디에 방점을 찍을까? 김질을 비난하는 것은 쉽다. 너무나 쉽다. 그러나 막상 김질과 같은 상황이 자신에게도 닥쳤을 때, 김질과 다른 선택을 내리기는 결코 쉽지 않을 것이다.

성삼문과 박팽년 같은 사육신들은 그런 흔하지 않은 사람이었다. 그렇기에 역사가 그들을 기억하고, 우리가 그들의 이름을 아는 것이다.

살아남기 위한, 그리고 자신의 이기심을 충족하기 위한 선택은 역사는 물론 우리 주변에서 흔하게 볼 수 있다. 삶을 살아가는 이상

전 세계 모든 이들의 목숨보다 나 하나의 목숨이 더 간절하기 마련이다. 김질은 그날 그 선택의 대가로 수많은 동료들과 그 가족들의 죽음을 지켜봐야 했다. 그는 자신의 생존과 함께 죄책감을 택했다. 이는 배신자가 떠안아야 할 천형이다.

그는 결단의 순간에 자기 자신에게 가장 합리적인 선택을 했다. 그 나머지 일들은 부차적인 이야기일 뿐이다. 성삼문이나 박팽년과 같은 사육신들은 스스로의 대의를 좇아 선택을 내렸고, 김질은 자신의 욕망을 위해 행동했을 뿐이다.

세조가 계유정난을 일으키지 않았다면, 정치적 격랑이 일어나지 않았다면 김질은 평범하게 관료생활을 마쳤을지도 모른다. 분명 그랬을 것이다. 위기의 순간 어떤 모습을 보이냐가 그 사람을 보여 준다고 한다. 김질은 평범했고, 사육신은 비범했다. 그뿐이었다.

이
완
용

부조리한 나라를
팔아먹은
부조리한 매국노

매국노賣國奴.　[명사] 사사로운 이익을 위해 나라의 주권이나 이권을
남의 나라에 팔아먹는 행위를 하는 사람.

　　국어사전에서 정의한 '매국노'의 의미다. 이 정의에 따르면 우리
역사에서 수많은 매국노들을 쉽게 찾을 수 있다. 당에 나라를 넘긴
연개소문의 큰 아들 연남생, 고려 시절 기황후와 그 일족, 조선 인
조 시기의 김자점 등 수많은 매국노들이 우리 역사에 등장한다.
　　비단 우리 민족만의 문제가 아니다. 세계 역사를 더듬어 보면 매
국노들이 넘쳐날 정도로 흔하다. 나라를 팔아먹거나 다른 나라의

앞잡이가 되는 것이 희귀한 사례는 아니라는 뜻이다. 적절한 시기에 적절한 위치에 있는 사람 가운데 자신의 욕망에 충실한 이가 있다면, 매국노가 될 확률이 높다. 매국노의 대명사인 이완용李完用도 그런 경우라 할 수 있다.

그의 인생을 들여다보면 소설《꺼삐딴 리》를 떠올리게 된다. 친일, 친소, 친미로 갈아타며 자신의 부귀공명을 위해서만 움직였던 기회주의자 이인국, 그의 모습은 이완용과 판박이였다.

이완용이 처음부터 대한제국을 일본에 넘기겠다고 마음먹은 것은 아니었다. 자기 앞에 닥쳐온 상황들을 하나씩 헤쳐 나가다 보니 결국 일본에게 나라를 넘기기까지 된 것이었다. 그 과정에서 몇 번이나 자신의 입장을 바꿨다. 친미에서 친일로 넘어가는 과정을 보면 일관성이 없는 기회주의자라 욕할 수도 있지만, 이완용은 초지일관 하나의 길을 좇았다. 그는 자신의 권력을 지키기 위한 최선의 길만을 따라갔다. 그 결과가 '매국'이었지, 이완용 개인으로서는 일관된 삶이라고 할 수 있다.

괴물의 탄생

이완용은 1858년 경기도 광주(오늘날 판교)에서 태어났다. 그의 부친은 이석준(본명은 이호석)이었는데, 그가 태어났을 즈음엔 이미 집안이 몰락한 상황이었다. 만약 이석준 슬하에서 계속 살았다면 오늘날 우리가 알고 있는 매국노 이완용은 없었을지도 모른다.

그의 인생은 그가 열 살이 되던 1867년 극적인 전환을 맞는다. 일가 아저씨뻘인 이호준이 그를 양자로 들였다. 서자와 딸만 있었던 이호준은 이완용을 데려다가 대를 이을 생각이었다.

이 당시 이호준은 흥선대원군의 최측근으로 이조참의, 동부승지, 한성부 판윤(오늘날 서울 시장) 등 요직을 두루 거친 권부의 핵심 세력이었다. 원래부터 탁월한 머리를 가지고 있었던 이완용은 이호준 밑에서 차근차근 후계자 수업에 들어갔다.

당시 이완용의 성격을 엿볼 수 있는 일화가 하나 있다.

너는 어떤 일에 대해 마음속으로 분명히 알고 있다 하더라도 너무 적어 마땅히 설명해야 할 것도 표현하지 못하고 있다. 이는 남자로서 처세에 대단히 좋지 않은 영향을 미칠지도 모르는 습관이니 고쳐야 할 것이다. 앞으로는 동료 간에 모인 자리에서도 농담이나 객설에 구애받지 말고 말하도록 노력해 보아라.

양부인 이호준이 이완용에게 한 말이다. 가난한 집에서 건너온 양부의 집에는 이미 형제들과 여흥 민씨 가문의 기세등등한 양모가 버티고 있었다. 이러다보니 이완용은 주눅이 들어 이들의 눈치를 보며 살았던 것이다. 이 때문에 늘 숫기가 없었고, 의사표현을 할 때에도 작은 목소리로 웅얼거리듯 말을 흐렸다.

이런 격려 덕분인지 이완용은 순탄하게 성장해 25세가 되던

1882년 증광문과增廣文科 별시에 병과丙科 18위로 합격한다. 참고로 이때 그의 동기가 서재필이다. 여기서 눈여겨볼 점이 있다. 그가 응시한 증광시의 성격으로, 증광시란 나라에 경사가 있을 경우에 보던 임시 과거제도다.

그렇다면 1882년 조선에는 어떤 경사가 있었을까? 조선사상 1882년에 기록될 만한 사건으로는 임오군란壬吾軍亂이 있다. 임오군란이라면 훈련도감 출신의 구식 군인들이 들고 일어난 난리가 아닌가? 이 일로 인해 명성황후는 충주까지 피신해야 했고, 흥선대원군은 권력에서 물러난 지 10년 만에 다시 권력의 핵으로 떠올랐다. 처음엔 군인들의 소요로 시작된 단순한 사건이었지만 척화파 쿠데타로 비화됐고, 급기야 일본과 청이 개입하게 된다.

이처럼 외세의 힘을 빌려 난을 진압하는 과정에서 흥선대원군은 청으로 끌려가고 척화파는 완전히 물러나게 되면서 개화파가 실권을 잡는다. 물론 명성황후도 서울로 돌아오게 된다. 이를 축하하기 위해 과거를 연 것이었다. 이완용은 관료 생활의 시작부터 파란이었던 셈이다.

흥미로운 점은 그의 양부인 이호준의 행보다. 그는 흥선대원군의 사람이었다. 그러나 흥선대원군이 실각할 즈음 이호준은 재빨리 명성황후와 민씨 세력과 손을 잡았다. 이완용의 행보는 그의 양아버지인 이호준을 그대로 답습한 것일지도 모른다.

외세의 신문물이 파도처럼 계속 밀려오는 그때, 격변기를 맞아 조선은 변화해야만 했다. 멈춰서는 순간 서구열강에게 먹힐 것임은 불을 보듯 자명한 상황이었기 때문이다. 임오군란 이전까지만 하더라도 개화에 대해 소극적이었던 조선이지만, 이제 개화는 거스를 수 없는 대세가 된다. 여기에서 조정 안 권력은 급진과 온건으로 갈라지게 된다.

온건파는 청의 양무운동洋務運動(청 말기에 관료들에 의해 이루어진 개혁이자 군사 중심의 근대화 운동)을 모델로 조선을 개화하려 했고, 급진파는 개혁의 속도를 올려야 한다고 주장했다. 이러한 갈등은 훗날 갑신정변甲申政變으로 이어지게 된다.

이 당시 이완용은 양아버지인 이호준과 함께 명성황후 및 민씨 일족과 결탁해 양무운동을 모델로 한 조선 근대화에 나섰다. 문제는 이 당시 권력층이 생각하는 개혁의 전제가 자신들의 기득권을 유지한 채 서구화를 받아들이는 것이었다. 이는 청의 양무운동에서도 드러났지만, 그 한계가 명백한 발상이다.

이 당시까지만 하더라도 이완용은 아버지 이호준과 함께 수구세력으로 권력을 유지하고, 이를 확장하는 데 집중했다. 반면 그의 과거시험 동기인 서재필은 하루 빨리 조선이 개화해야 한다고 부르짖고 있었다. 급박한 세계정세 앞에서 더 이상 손 놓고 있을 수 없다는 것이다. 결국 서재필과 김옥균 등은 갑신정변을 일으켰지만, 3일 천하로 끝난다.

이때까지 이완용은 세계정세가 어떻게 돌아가는지에 대해서는 별 생각이 없었다. 아버지 이호준을 따라 권력을 유지하고, 이어받을 생각만 하고 있었다. 그 당시 수구세력들이 자신들의 권력을 유지하기 위해서 손을 잡은 세력이 바로 청이었다. 즉 이때까지 이완용은 친청노선이었다는 의미다. 양무운동을 좇은 것만 봐도 쉽게 이해할 수 있을 것이다.

그러나 친청노선은 오래가지 못했다. 갑신정변이 끝나고 얼마 뒤, 이완용 일생에 커다란 변곡점이 등장한다. 바로 육영공원育英公院 입학이다. 〈조미수호통상조약〉 체결 이후 영어를 구사하는 지식인이 필요하다는 이유로 만들어진 육영공원은 영어를 위주로 세계사와 지리, 수학 등 신학문을 가르치는 신지식인 양성소였다. 학생의 절반이 현직 관리였기에 공무원 재교육 기관이라 불러도 무방한 이 학원에서 이완용은 신세계를 접하게 된다. 이를 배경으로 1887년 그는 주차미국참찬관駐箚美國參贊官으로 발령을 받아 미국에서 생활하게 된다.

이후 귀국한 이완용은 동학농민운동, 청일전쟁, 갑오경장甲午更張, 을미사변乙未事變, 아관파천俄館播遷 등 격동의 시기를 온 몸으로 겪는다.

"아버지의 이름으로 살았을 뿐이다"

처음엔 친청으로 시작했지만, 요동치는 국제정세 속에서 이완용과 이호준은 처신을 다시 고민해야 했다. 동학농민운동이 벌어지자 조선 조정은 청에 파병을 요청했고, 뒤따라 일본군이 들어온다. 이

때 이완용과 이호준의 입장이 난처해졌는데, 조선 조정은 동학군을 흥선대원군과 결탁한 반역 잔당으로 몰아갔으나 이호준은 한때 흥선대원군의 최측근이었다. 이호준의 정치적 위기였다.

문제는 청일전쟁에서 일본이 승리했다는 것이다. 박영효 등 갑신정변에 실패해 일본으로 망명 중이던 개화파는 이 기세를 빌어 조선으로 귀국해 2차 개혁을 시도한다. 갑오경장이다.

그러나 일본의 힘은 오래가지 못했다. 청일전쟁에서 승리했음에도 삼국간섭(러시아, 독일, 프랑스가 일본의 요동반도 확보를 방해한 사건. 러일전쟁의 시발점이 된다)에 의해 그토록 원했던 요동반도를 얻지 못하게 된 것이다.

이 격동의 시기 이완용은 친청에서 친미, 친러, 친일로 차례차례 배를 갈아타게 된다. 아마도 그의 인생에서 가장 결정적인 전환점은 춘생문春生門 사건일 것이다. 춘생문은 경복궁 북동쪽 신무문 밖에 나 있는 문 이름이다.

당시 조선은 삼국간섭으로 러시아의 힘을 확인하게 되고, 급격히 친러 성향을 보이게 된다. 위기를 감지한 일본은 을미사변을 일으켜 러시아 쪽으로 기우는 명성황후를 시해한다. 이로 인해 고종은 운신이 제한된 채 경복궁에 감금되다시피 붙잡혀 있었다. 일본은 명성황후를 제거한 다음 고종을 속박하면 조선에서의 영향력을 유지할 수 있을 것이라고 여겼다.

이러한 정국에 반발한 친미파와 친러파들은 고종을 경복궁에서 구출하기 위해 춘생문의 담을 넘었으나 친위대 장교들 가운데 일부가 계획을 김윤식, 어윤중 등에게 밀고하면서 실패하고 만다. 이 때 거사에 참여한 이들 가운데 하나가 바로 이완용이다. 훗날 이완용은 아관파천에서 다시 한 번 활약하고, 그 공으로 외부대신 겸 농상공부대신의 자리에 오르게 된다.

시대의 격랑에서 이완용은 마치 밀린 숙제를 해치우듯 손 잡은 외국 세력을 수시로 바꿔댔다. 이를 전적으로 그의 탓으로만 말할 수도 있겠지만, 이완용을 거슬러 올라가보면 그의 양아버지인 이호준에 도달하게 된다. 이호준은 이완용에게 권력의 생리를 가르쳤고, 자신의 권력을 유산으로 남겼다.

흥선대원군 쪽의 사람이었지만 그가 실각하자 반대편이었던 민씨 일족과 바로 손을 잡았고, 친청으로 살았으나 그 세가 부족함을 알자 다른 세력을 찾았던 이호준의 모습. 이완용은 어쩌면 배운 대로 행동했던 것뿐인지도 모른다.

독립문 현판을 쓴 매국노

이완용이 독립협회의 회장을 지냈고, 독립문 현판까지 썼다고 한다면 믿을 수 있겠는가?

원래 독립협회는 청으로부터의 독립을 기념하기 위한 독립문 건립 추진위원회로 시작됐다. 이것이 점점 커지면서 백성들의 참정권 요구 토론, 연설회 등으로 확대되어 사회 각계각층이 참여하는 만민공동회萬民共同會라는 대토론회로 발전했다. 만민공동회는 고종이 대한제국의 황제로 등극한 이후에는 거의 매일 열렸으며, 백성들이 자기주장을 펼치는 공론의 장으로 기능했다.

이처럼 처음에는 청으로부터의 예속을 탈피하겠다는 의지를 보여주겠다는 자주국권운동으로 시작했지만 시간이 흐를수록 참정권운동, 민권운동, 나아가 사회개혁운동으로 발전하게 된다. 당시 정부는 친러 성향의 외교노선을 견지하고 있었는데, 독립협회는 뚜렷한 반러 성향을 보였다. 이에 고종은 협회라 이름한 것들은 모두 혁파하라는 명을 내려 황국협회와 함께 독립협회를 해산시킨다.

이때 밀려난 이가 이완용이다. 조정은 이미 친러 세력이 장악한 상황이었기에 독립협회 수장 자리에 있었던 이완용의 입장은 난처할 수밖에 없었다. 결국 이완용은 전북관찰사로 좌천됐다가 파직된다. 이때가 1898년인데, 당시 이완용은 쓰디쓴 배신을 당하게 된다. 독립협회에서 그를 제명한 것이었다.

파도는 계속 들이쳤다. 1901년 그의 양아버지이자 정치적 스승이었던 이호준이 사망한다. 81세이니 천수를 누린 셈이었다. 당시 이호준의 유산 상속이 기가 막혔는데, 재산은 서자이자 친아들인 이윤용에게 대부분 넘기고, 정치적 지위와 집안 제사는 양아들이자 적장자인 이완용에게 넘겼다.

위기가 기회라고 해야 할까? 아버지 없이 홀로 서야 했던 이완용이 정계에 복귀한 시기는 이호준의 3년 상이 끝난 1904년이었다.

아버지의 정치적 유산인 수구파 세력을 넘겨받은 이완용은 고민하게 된다. 이 유산을 어떻게 지키고 키워나갈 것인가? 이때 눈에 들어온 세력이 러시아와 일본이었다.

마침 러일전쟁이 일본의 승리로 기울어 가던 시점이었다. 조선 조정에서는 친미파인 이완용을 활용해 미국과 접촉해 일본 세력을 견제하려 했지만, 미국은 가쓰라 태프트 밀약을 통해 이미 한반도에서 손을 뗀 상태였다.

이완용은 여기서 결단을 내린다. 친미에서 친일로 다시 갈아탄 것이다. 이후 을사늑약부터 경술국치까지 이완용은 나라를 팔아먹는 대장정에 이르게 된다.

여기서 흥미로운 역사를 하나 찾을 수 있다. 바로 당시 매국노 이완용을 대하는 조선 왕실의 입장이다.

후작 이완용에게 붉은 포도주 1타打를 하사했다. 그의 병이 위독했기 때문이다.

《조선왕조실록》 순종 19년(1926년) 2월 11일자

후작 이완용의 상喪에 쓰라고 제자료祭粢料 일금 1,500원과 관재 요금 200원을 내렸다. 이어 장의葬儀를 행할 때 본직 차관 시노다 지사쿠篠田治策를 참석케 했다. 또한 사등롱紗燈籠 20쌍과 화환 1대對를 내렸다.

《조선왕조실록》 순종 19년(1926년) 2월 12일자

東亞日報 (第三種郵便物認可) 第一千四

橋北洞 獨立門

【正解者】橋北洞一二五番地 金載民

一百洞町 一百名物 寫眞記事 내동리名物

◇교북동큰길가에 독립문이잇습니다 모양으로만 보면 불란서파리에잇는 개선문(凱旋門)과 비슷합니다 이문은독립협회(獨立協會)가 일어낫슬때 서재필(徐載弼)이란이가 주창하야 세우게된것이랍니다 그우에새여잇는「독립문」이란석글자는 리완용이가쓴것이랍니다 리완용이라는 말은리완용이 가아니라조선귀족령수후작각하올시다

◇이독립문에는 그젼에대국측사라는것이 왕래할때 연조문(延詔門)이란 홍살문이잇섯더랍니다 연조문이 영은문(迎恩門)으로개명된지가 발서오래건만 속명으로는 근년까지연주문이라고불러왓습니다 연주문석주(石柱)는지금까지 남어잇습니다 젼에는 돌려매엿든쇠사슬이잇섯는데 독립문이선뒤에 누가끈허버렷답니다 속박(束縛)당하든것이 해방(解放)되엿스니 쇠사슬이끈허진것입니다

◇년전삼일운동때 독립문우에 태극긔가두렷이소사나서 경찰서에서 씨서버리라고「폼푸」질까지한일이잇습니다 사람의손으로는그리지못할곳이라 독갑이짓이라고 그당시떠들엇습니다

독립문의 현판은 누가 썼는가?

독립협회가 영은문을 헐고 독립문을 세웠다. 당시 현판을 쓴 이가 누군지에 대해서는 의견이 분분하지만 1924년 7월 15일자 《동아일보》 기사에는 다음과 같은 증언이 나온다. "독립문이란 세 글자는 이완용이 쓴 것입니다. 다른 이완용이 아니라 조선귀족 영주 후작각하올시다."

▲ **춘원 이광수의 칼럼 〈창씨와 나〉**

이광수는 1940년 2월 20일 《매일신보》 사설에 자신의 창씨개명을 밝히며 일제의 창씨개명 정책을 옹호했다.

"나는 천황의 신민이다. 내 자손도 그리 살 것이다. 이광수李光洙라는 이름으로도 천황의 신민이 못될 것은 아니나 가야마 미쓰로香山光浪가 조금 더 천황의 신민답다고 나는 믿는다."

◀ **월파 김상용의 시 〈님의 부르심을 받들고서〉**

김상용은 1943년 8월 4일 《매일신보》에 징병을 독려하는 시를 실었다.

"말 위에 칼을 들고 방가邦家의 간성干城됨이 장부의 자랑이어늘, 이제 부름 받았으니, 젊은이들아 너와 나의 더 큰 광명이 무어랴."

무엇을 팔았고 무엇을 지켰는가?
1945년 10월 22일 개최된 연합군 환
영대회. 옛 조선총독부 건물 앞에 태
극기와 함께 미국, 영국, 중국, 소비
에트 연방 국기가 나란히 걸려 있다.

실록에서 찾을 수 있는 이완용이 죽기 직전과 직후의 기록이다. 순종은 이완용이 죽기 직전에 포도주를 위문품으로 내려줬고, 죽은 뒤에는 장례비용을 보냈다.

그는 나라를 팔아먹었다. 다만 그가 이 땅에서 끝까지 지켜냈던 것이 있으니 바로 조선의 왕통王統이었다. 이왕직李王職, 왕세자부王世子附 등을 통해서 이씨 왕조의 명맥만은 유지될 수 있도록 한 것이었다. 이 모든 것은 이완용의 교섭에 의한 결과였다. 이뿐만이 아니었다. 당시 왕가 종친들도 조선인 귀족으로 인정받아 일제 강점기 시절에도 그 지위를 유지했고, 사회 지배계층들도 귀족 작위를 받아 그 신분을 유지했다.

이 때문에 이완용은 백성들에게 매국노라 욕을 들으며 암살 위협에 시달릴 정도로 격앙된 감정을 그대로 받아야 했지만, 사회 지배계층들에게는 나름 인정을 받으며 살 수 있었다.

이완용 '만'의 잘못인가?

그도 갔다. 그도 필경 붙들려갔다. 보호순사의 겹겹 파수와 견고한 엄호도 저승차사의 달려듦 하나는 어찌하지 못하였다. 너를 위하여 준비하였던 것이 이때였다. 아무리 몸부림하고 앙탈하여도 꿀꺽 들이마시지 아니치 못할 것이 이날의 이 독배다. … 어허, 부둥켰던 그 재물은 그만하면 내놓았지. 앙탈하던 이

책벌을 이제부터는 영원히 받아야지!

《동아일보》, 1926년 2월 13일자

이완용의 사망 직후 나온 신문 사설 가운데 일부다. 당시 민초들이 이완용을 어떻게 바라봤는지 단적으로 드러난 글이다. 이 대목에서 근본적인 의문을 제기해 보겠다.

"이완용이 나라를 팔아먹었는가?"

그의 삶을 살펴보면 쉽게 답할 수 있다. 그는 나라를 팔아먹은 매국노다. 그렇다면 다시 질문을 던져보겠다.

"망국의 위기 앞에서 이완용을 막을 수는 없었는가?"

분명하게 말하지만, 고종에게는 몇 번이나 그럴 수 있는 기회가 있었다.

당초에 우리가 중국에 구원을 청한 것은 좋은 계책이 아니었습니다. 좁은 지방의 작은 도둑을 수령이나 방백이 제압하지 못하고 점차 큰 도적으로 만들고는 끝내는 초토사와 순변사로 하여금 연이어 군사를 거느리고 가게 하였으니, 천 근짜리 쇠뇌를 생쥐를 향해 쏜 형국입니다. 이것부터가 벌써 이웃 나라에 알려지게 해서는 안 될 일인데, 또 우리가 도리에 맞게 역적을 치면 누르지 못할 리가 없다는 것을 헤아리지 못하고 경솔하게 약점을 보이면서 구원을 요청하는 데 급급하여 접대에 재물을 낭비하고 운반하는 인력을 지치게 하였습니다. 그리하여 필시 우리를 비겁하다고 여겼을 것이니 …

부호군副護軍 이남규李南珪가 1894년에 올린 상소 가운데 일부를 발췌했다. 당시 조정은 동학농민운동을 진압하기 위해 청에 파병을 요청하는 일은 무모한 행동이라고 보는 것이 중론이었다. 국내의 병사들을 돌리는 것만으로도 충분히 진압이 가능하다는 의견이었지만, 고종은 서울 방비를 우선해야 한다는 이유에서 서울의 병사를 동학농민운동 진압에 돌리는 것을 원치 않았다.

청이 조선으로 출병하게 되면 톈진조약天津條約(갑신정변이 실패한 후 청과 일본이 맺은 조약. 조선에 주둔한 양국의 군사를 철수하고, 임의로 조선에 출병하는 일을 막자는 내용으로 이뤄졌다)이 깨지면서 일본군이 조선에 파병할 명분이 생긴다는 것은 누구나 쉽게 예상할 수 있었다. 그러나 고종은 청에 파병을 요청했다. 자신의 권력을 지키기 위해서였다.

독립협회가 참정권을 말하고, 일각에서 입헌군주제에 대한 이야기가 나오자 고종은 황제의 절대권력을 주장하는 황국협회를 만들어 이러한 움직임을 방해했다. 황국협회는 근왕적 관료들이 만들었다고 하지만, 이를 인정한 이는 어디까지나 고종이었다. 고종은 도도한 역사의 흐름 속에서 자신의 권력을 지키기 위해서만 움직였다. 그 결과가 바로 을사늑약과 경술국치였다.

이완용의 정치행보는 말 그대로 '기회주의자'의 모습 그대로다. 여기에 대해서는 재론의 여지가 없다. 그는 그의 양아버지에게서 권력을 장악하고 또 지키는 법을 배웠고, 이를 자신의 삶으로 실천했다. 중국, 미국, 일본, 러시아 등 이용할 수 있는 모든 조건을 이용했고, 종국에는 나라마저 팔아먹었다.

그의 행동이 도덕적으로 지탄받는 것 또한 마땅하다. 다만 조선의 최후를 이완용 한 명에게만 돌리는 것은 잘못된 지적이다. 비난받아 마땅한 한 개인에게 모든 책임을 떠넘김으로써 결국에는 사안의 본질을 흐리는 행위다. 만약 이완용이 존재하지 않았다면 역사는 어떻게 전개되었을까? 이완용이 적극적으로 나섰던 을사늑약이 강제 체결되는 일은 벌어지지 않았을까? 그렇지 않을 것이다. 이완용이 없었다면 또 다른 '이완용'이 등장해 나라를 일본에 팔아넘겼을 것이다.

조선 왕실의 입장에서 보자면 이완용이 있었기에 자신들이 식민지 시기에서도 살아남았을 수 있었다. 기득권층 또한 경술국치 이후에도 자신들의 기득권을 지킬 수 있었다. 나라 잃은 슬픔과 분노는 백성들의 몫이고, 이전부터 누리고 있던 이들은 나라가 넘어가는 상황에서도 자신들이 누리던 대부분을 챙길 수 있었다.

여기서 한 가지 역사적 교훈을 얻을 수 있다. 기회주의자에게 '기회'를 줘서는 안 된다. 인간은 유혹에 약한 존재다. 우리 대부분은 기회주의자가 될 수 있는 자질을 갖추고 태어났다. 그 욕망을 억누르고, 공익을 우선하며, 대의를 위해 인생을 던진 이들을 우린 위인이라고 부르고 이를 기린다. 역사 속에서 이런 위인을 찾는 것은 어렵지 않다. 역사는 수천 년 간 축적된 기록이다. 그러나 이런 인물들을 지금 주변에서 찾는 것은 쉽지 않다. 드물기 때문이다.

적당히 비겁하고 때때로 정의로우며, 사익 앞에서 공익을 추구하고자 하는 마음이 흔들리고, 대의를 앞세우지만 개인의 욕망에 굴복하는 것이 평범한 얼굴을 한 인간의 모습이다. 그런 의미에서 이완용은 공익보다 사익을 앞에 뒀고, 자신이 배운 대로 권력을 획득하고 유지하는 것에만 골몰했다. 인간을 불신하는 것 같아 미안하지만 사회에 휘감겨 살아가는 사람, 특히나 한국과 같이 타인의 시선을 의식하는 사회에서 사람들은 '대세'라는 것에 짓눌린다.

경술국치, 그러니까 한일병탄이 이뤄진 1910년에 조선에서는 어떤 일이 벌어졌을까? 대규모 소요사태나 전쟁에 준하는 무력 충돌, 엄청난 인플레이션이나 기타 사회적 파장들을 떠올릴 것이다. 그러나 일본이 이야기하는 '한일합방'은 의외로 싱겁게 끝났다. 을사늑약 때의 격렬함은 보이지 않았고, 몇몇 자결한 '위인'들만이 눈에 띄었다.

그 나머지 사람들은 일본의 식민 지배라는 새로운 체제를 별 저항 없이 받아들였다. 이를 체념이라고 할 수도 있을 것이다. 지난 몇 년 간의 경험을 통해 일본의 지배를 어느 정도 예상하고 각오했기에 반쯤 포기한 상태에서 침략을 받아들였다고 할 수도 있다.

그때 한반도를 살고 있던 사람들에게서 이런 무기력한 반응이 나올 수밖에 없었던 원인은, 이완용과 같은 이에게 '기회'를 준 당시의 권력에게 있다. 망국의 역사에 매국노는 없다. 매국노들이 있을 뿐이다.

간신은 이렇게 만들어졌다

춘추필법의 핵심은 유교적 윤리관에서 벗어난 인물에 대한 가혹한 비판이다.

이런 춘추필법의 최대 희생양이 바로 간신이다.

역사란 승자의 것인데다 춘추필법까지 더해지면서 간신은 '악마'로 포장됐다.

실제 역사가 아니라 비평의 영역으로 기술된 간신들의 이야기는

악의 연대기로 보일 정도로 비약과 과장으로 점철된다.

우리가 알고 있고, 배워왔던 간신이란 이름 가운데 많은 이는 역사의 희생양일지도 모른다.

임사홍

간신의 길을
걸을 수밖에
없었던 간신

일반적으로 조선 역사상 최악의 간신 세 명을 꼽으라면 유자광, 김자점, 임사홍을 떠올린다. 특히나 임사홍의 경우는 조선 역사상 최악의 폭군으로 불리는 연산군 시절의 신하였다는 것 때문에 더 많은 비난을 받는다. 당시 임사홍에 대한 평가가 어떠했는가에 대해선 실록에 나와 있는 한 편의 시로 확인할 수 있다.

작은 소인 숭재, 큰 소인 사홍이여!
천고에 으뜸가는 간흉이구나!
천도天道는 돌고 돌아 보복이 있으리니,

알리라, 네 뼈 또한 바람에 날려질 것을.

《조선왕조실록》중종 1년(1506년) 9월 2일자

이 정도면 공인된 '간신'이라고 해야 할까? 같은 날 기록들을 더 살펴보면, 충격적인 이야기들이 이어진다.

그 아들 임희재가 피살되던 날에도 평일과 다름이 없이 그의 집에서 연회를 베풀고 고기를 먹으며 풍악을 울리니, 연산군이 사람을 시켜 이를 엿보고는 더욱 신임과 총행寵幸을 더하여, 한결같이 그의 계교를 따랐다. 그가 임금에게 아첨해 총애를 취함이 모두 이와 같았다.

임희재는 임사홍의 둘째아들이다. 갑자사화 당시 왕을 비방했다는 이유로 사형을 당했는데, 이때 임사홍은 자신의 아들이 죽는 날에도 잔치를 벌였다는 것이다. 인륜을 저버렸다고 해야 할까?《대동기문大東奇聞》(태조 때부터 고종 때까지 역사 인물 전기)에 보면 당시 상황을 보다 적나라하게 묘사했다.

"경의 아들이 불충하니 내가 그를 죽이려고 하는데, 경의 생각은
　어떠한가?"
　임사홍이 꿇어 앉아 말하였다.
"자식의 성품과 행실이 불순한 것은 상감의 말씀과 같습니다. 신

195
임사홍

이 바로잡으려 했으나 미처 하지 못했습니다."

연산군이 아들을 죽이겠다고 하자 선선히 이를 인정한 것이다. 이 정도면 권력 앞에서 천륜도 져버리는 짐승처럼 보인다. 춘추시대 제나라 간신 역아易牙가 자신의 아들을 요리해 환공에게 바친 고사가 생각나는 대목이다. 바로 그것을 노린 기록처럼 보이기도 한다. 같은 날 실록의 기록은 이렇게 이어진다.

사홍은 성종조에 죄를 얻어 폐기된 채 등용되지 못하다가, 연산조에 와서 그 아들 임숭재가 부마로 임금의 총애를 얻자, 사홍이 그 연줄로 간사한 꾀를 부려 높은 품계에 올랐다. 갑자 이후로는 앞서 자기를 비난한 자에게 일일이 앙갚음하였고, 이미 죽은 사람까지도 모두 참시했다.

실록의 기록을 정리해 보면 임사홍은 다음과 같은 삶을 살았다.

첫째, 임사홍은 성종 시절 쫓겨나 야인 생활을 하다 아들이 임금의 사위가 돼 복귀했다.
둘째, 이후 아부를 해 높은 자리에 올랐다.
셋째, 갑자사화 이후 자기를 비난한 사람들에게 복수했다.

기록을 보면 완벽한 '간신'의 모습이다. 여기에 살을 좀 붙여서

해석한다면 이 정도가 될 것이다.

"성군이었던 성종 시절에는 임사홍이 죄를 지어 쫓겨났다. 이미 성종은 임사홍이 간신임을 알고 다시는 그를 부르지 않았다. 그러나 혼군인 연산군은 간사한 임사홍을 불러들인다. 이때 역할을 한 이가 바로 임사홍의 아들인 임숭재다. 임숭재는 성종의 딸 휘숙옹주와 결혼한 부마로, 임사홍은 외척임을 내세워 벼슬길을 다시 열고 연산군에게 아부해 높은 자리로 올라선다. 이후 연산군을 충동질해 갑자사화를 일으켰고, 권력을 잡은 뒤에는 자신을 비난했던 이들을 찾아내 복수했다."

이 정도라면 간신이라는 비난으로도 부족해 보이는 행적이다. 그는 도대체 어떤 삶을 살았던 것일까?

강직하고 소신 있었던, 사림의 적

냉정하게 말하자면 임사홍의 가문은 '외척 전문 집안'이었다. 임사홍 본인도 보성군寶城君의 딸(효령대군의 손녀)과 결혼했고, 그 장남인 임광재는 예종의 딸 현숙공주와, 넷째아들 임숭재는 성종의 딸 휘숙옹주와 결혼했다. 왕실과는 겹사돈이었다.

이러한 혼맥 덕분에 임사홍은 음서로 관직 생활을 시작한다. 여기까지만 보면 능력 없는 주제에 가문 덕택에 벼슬살이를 한 것으로 보인다. 그러나 임사홍에게는 나름 학문적 성취가 있었고, 중국어, 일본어, 여진어까지 구사할 수 있을 정도로 언어에 정통했다. 아울러 음서로 시작해 벼슬살이를 하는 와중에 과거를 준비해서 합격한다. 당시 일단 벼슬살이를 시작한 다음 과거를 준비하는 일은 예사로웠으며, 딱히 임사홍만의 특별한 사례는 아니었다.

벼슬살이 초창기의 임사홍은 강직한 성품과 소신으로 무장한 젊은 관료의 모습을 하고 있었다. 언관으로 활동할 당시에는 당대의 실세인 한명회도 거침없이 비판했었고, 부패와 부정 앞에서도 주눅들지 않고 할 말은 하는 강직함을 보였다. 성종은 이런 임사홍을 총애했다. 관직생활에서 승승장구한 임사홍은 왕의 최측근이라 할 수 있는 도승지(오늘날 대통령 비서실장) 자리에까지 오른다.

이렇게 총애를 받았으면서도, 성종에게 할 말은 하는 인물이 또한 임사홍이었다. 폐비 논의 당시 임사홍은 이를 결사적으로 반대했다. 이유는 간단했는데, 세자의 생모란 이유에서였다.

"세자를 봐서라도 폐비는 불가합니다." 이 때문에 임사홍은 간사한 인물로 낙인찍히게 된다. 그럼에도 불구하고 임사홍은 자신의 뜻을 굽히지 않았다. 그게 임사홍이었다.

이대로만 갔다면 임사홍은 성종 시절 최고의 총신 가운데 한 명으로 자리 잡았겠지만 성종 행정부의 '태생적 문제'가 그의 운명을 뒤바꿔 놓는다. 이는 임사홍의 삶에 있어서는 폐비 논의보다 더 중요한 사건이었다.

"신이 듣건대, 경연經筵에서 대간臺諫들의 말한 바로써 술을 쓰는 것을 금했다고 합니다. 술이란 것은 본시 사람이 먹는 물건으로, 임금이 큰 재변을 만난 뒤에 몸을 닦고 마음을 반성하며 술을 금한 것은 이 또한 한갓 문구일 뿐입니다. 이제 만약 가뭄의 징조를 재이라고 한다면, 비의 혜택이 마르지 아니해서 밀보리가 무성하니, 그 수확이 있을 것은 이를 점쳐서 알 수 있으며, 만약 흙비를 재이라고 한다면, 예로부터 천지의 재변은 운수에 있으니, 운성隕星도 그 운수입니다. 이제 흙비도 때의 운수가 마침 그렇게 된 것인데, 어찌 재이가 있는 것이겠습니까? …" 이에 전교하기를 "대간이 나로 하여금 비록 재변이 없을지라도 항상 경계하고 두려워하도록 했으니, 이는 어려운 일이 아니므로 금한다고 해도 편하다."

《조선왕조실록》 성종 9년(1478년) 4월 21일자

이 짧은 기록 하나가 성종 행정부의 성격과 세조부터 연산군까지 이어지는 정치권력의 변화를 보여준다. 이야기의 시작은 간단하다. 갑자기 '흙비'가 내리자 이를 불길하게 여긴 신하들이 임금의 근신을 요구했다. 이른바 재이설災異說이다. 재이설은 동양 유교문화권에서는 정치이론화된 사상으로, 간단히 말하자면 인간이 악한 행위를 하면 자연이 재앙이나 이변을 일으켜 경고를 한다는 이론이다. 이는 절대권력의 왕에 대한 견제장치로 활용되곤 했는데, 가뭄이나 홍수 같은 자연재해가 일어나면 왕은 스스로 근신하고 신하들에게 구언求言(임금이 신하의 바른말을 찾는 것)한다.

여기까지만 보면 평범한 이야기다. 문제는 성종 시절의 '흙비' 사건이다. 흙비가 내리긴 했으나 농작물에는 별 타격이 없고, 인명 피해도 없었다. 임사홍은 이러한 까닭에서 별 문제가 아니라고 주장한 것이다. 이에 대해 성종은 '재변이 없을지라도 항상 경계하고 두려워하도록 했으니, 이는 어려운 일이 아니므로 금한다고 해도 편하다'라며, 신하들의 근신 요청을 인정하는 발언을 한다. 특히 주목해봐야 할 대목이 '어려운 일이 아니므로 금한다고 해도 편하다'라는 대목이다. 성종은 언관들과 싸우는 것보다 그들의 요구에 따라주는 것이 속편하다는 말을 한 것이다.

실록에 나온 이 대목은 중요하다. 왕위 계승서열 3위였지만, 한명회를 장인으로 둔 배경을 바탕으로 왕이 된 성종은 스스로 왕권의 정통성을 만들기 위해 무던히 노력했다. 열세 살 어린 나이 때부터 성종은 미친 듯이 공부만 했다.

또 듣건대 옛 제왕은 경經과 도道를 강론해 밤이 늦은 뒤에야 파했으므로 후세에 미담이 되었습니다. 이제 전하께서 하루 세 번 경연에 나아가 잠시도 겨를이 없으시니, 이는 성왕聖王의 공입니다. 다만 야대夜對를 궐闕했으니, 원컨대 이제부터 밤에 경연관을 불러서 경사經史를 강론해 치도治道의 중요함을 참구參究하게 하소서.

《조선왕조실록》 성종 2년(1471년) 윤9월 25일자

장령 홍귀달이 성종에게 야대(야간 경연)를 요구하는 장면이다. 경연이란 왕의 유교적 소양 증진과 함께 국정 현안에 대해 왕과 신하들이 토의하는 장이기도 하다. 어린 나이의 성종에게 경연이란 '공부'와 다름없는 일이었다. 하루 세 차례, 그러니까 조강, 주강, 석강도 모자라 밤에 나머지 공부까지 하자고 닦달한 것이다. 성종은 이런 생활을 6년 2개월 간 계속했다. 이러다 보니 유교적으로 완벽한 도학군주가 됐다. 신하들이 인정하는 성군聖君이 된 것이다.

유교적 소양을 갖추는 것만이 부족한 정통성을 메워줄 것이라고 생각한 성종은 공부에 전념했고, 수렴청정이 끝난 뒤에도 이 '수련의 그림자'는 그의 발목을 잡았다.

결론부터 말하자면 성종이 물려받은 나라는 문제가 많았다. 세조가 쿠데타로 왕위를 찬탈하면서부터 이야기가 꼬였다. 권력 기반이 약했던 세조는 공신들에게 의존할 수밖에 없었다. 이러다 보니 몇몇 공신들에게 권력이 몰렸고, 이들이 훈구대신으로 국정을 농단하게 된다. 분명 비정상적인 상황이다. 그러나 성종은 이런 비정상적인 상황의 수혜자다. 그의 장인이 바로 한명회이지 않았는가? 만약 한명회의 사위가 아니었다면 성종은 왕위에 오르지 못했을 것이다.

그러나 나라를 직접 다스리게 되면서 성종은 고민할 수밖에 없었다. 이 공신들을 배제하지 않으면 나라를 제대로 다스리기 어려웠기 때문이다. 아울러 자신의 권력을 지지해줄 총신들도 필요했다. 그 결과 생각해낸 방식이 언관을 중심으로 한 젊은 관료들에게 힘을 실어주는 것이었다. 문제는 이들 또한 너무 비대해졌다는 데 있었다. 성종은 이들을 제어하지 못했고, 결국 재위 내내 이들에게 휘둘리게 된다. 신하들은 제 세상 만났다는 것처럼 조그만 꼬투리라도 발견되면 득달같이 달려들어 성종을 비판했고, 그때마다 성종은 저항을 해보지만 결국 제풀에 지쳐 포기하게 된다.

'흙비' 사건도 이러한 맥락으로 이해하면 될 것이다. 임사홍은 대수롭지 않은 자연현상이라며 가볍게 넘겼지만, 당시 언관들은 이를 물고 늘어졌다. 실록을 기록한 사관마저도 임사홍을 두고 이런 박한 평가를 내리며 간신으로 취급했다. "아첨한 말로 스스로 몸을 파는 자와 무엇이 다르겠는가?"

이 사건으로 임사홍은 사림세력들의 적이 됐고, 유배길에 오르게 된다. 이후 임사홍의 인생은 좌절 그 자체였다. 사림세력의 견제로 성종 시절 내내 그는 중앙 정계에 제대로 발을 붙이지 못했다. 그나마 다행이라면, 성종이 그에 대한 애정으로 자신의 서녀 휘숙옹주와 임사홍의 아들 임숭재를 결혼시킨 정도가 다였다.

별것 아닌 '흙비'가 임사홍의 인생을 구렁텅이로 몰아간 것이었다.

연산군은 과연 폭군일까?

연산군이 즉위하면서 임사홍의 인생은 변곡점을 맞이한다. 실록의 기록에서처럼 임사홍은 연산군의 총애를 받는다. 본격적으로 임사홍이 '간신'의 길을 걷게 되는 시점이다. 여기서 한 번 생각해봐야 하는 것이 있다. "임사홍은 정말 간신인가?"란 근원적인 의문이다. 역사를 통해 알려진 임사홍의 인생은 "연산군을 부추겨 사화를 일으키고, 왕에게 여자를 갖다 바치는 채홍사로서 활약했다" 정도일 것이다. 이 말대로 당시 상황을 정리해 보면 다음의 세 가지를 꼽을 수 있다.

첫째, 임사홍이 받든 연산군은 폭군이다.
둘째, 임사홍이 부추겨 갑자사화가 일어났다.
셋째, 임사홍은 연산군에게 여자를 갖다 바치며 아부하는 채홍사로 활약했다.

과연 사실일까? 하나씩 살펴보자. 우선 첫째, '연산군은 폭군이다'라는 가정부터다.

불같은 더위가 점점 성해 전날에 비해 더욱 심하니, 내가 염려하건대 중앙과 지방의 죄수들이 옥에 갇혀서 오랫동안 무더위에 숨이 막히면 반드시 병을 앓게 될 것이요, 또한 옥사獄事를 다스리는 관원이 불쌍히 여겨 송사訟事를 공평하게 잘 처리하지 못하고, 함부로 고문을 가하며 시일을 늦추게 되면 반드시 죄 없는 사람이 운명해 나의 흠휼欽(죄인을 신중히 심문하는 일)하는 뜻을 손상시킬 것이다. 말이 여기에 이르니 몹시 슬프다. 나의 지극한 생각을 본받아 중외의 형관刑官들을 효유曉論해서 각 옥을 깨끗이 청소함으로써 더위를 먹지 않도록 하고, 신문과 판결을 정밀 신속하게 해 원통하고 지체되는 일이 없도록 하라.

《조선왕조실록》 연산군 8년(1502년) 7월 7일자

다름 아닌 실록을 보면 연산군은 여름 불볕더위에 시달릴 죄인들의 건강을 걱정해 옥사 안을 깨끗이 청소하고, 더위를 먹지 않도록 특별히 신경 쓰라고 명령하고 있다. 여기에 더해 신문과 판결을 조속히 진행해 백성들을 보살피라는 당부의 말까지 잊지 않는다. 이것이 과연 우리가 생각하는 폭군의 모습일까?

이런 모습은 《연산군일기》 여기저기에서 심심찮게 찾아볼 수 있다. 연산군은 백성들의 송사에 관심이 많았던 것인지 백성들이 억울해하지 않도록 신속하고 정확하게 일을 처결하라는 명령을 자주 내린다.

이뿐만이 아니다. 당시 조정에서 다뤘던 주요 쟁점 사안에 대해서도 꽤 균형 잡힌 모습을 보여준다. 정치경험이 짧은 정치지도자가 곧잘 보여주는 외교 현안에 대한 미숙함도 연산군에게는 찾아보기 힘들다.

서려西旅(중국 서북 지방의 오랑캐 나라)에서 오獒라는 개를 바치니, 소공召(주나라 무왕 시절의 명신)은 마땅히 받을 것이 아니라고 생각해 글을 지어 무왕武王에게 경계하기를 "개나 말도 그 지방의 산물이 아니면 기르지 않고, 진귀한 새나 기이한 짐승을 나라에 기르지 않으며, 먼 곳의 물건을 소중하게 여기지 않으면 먼 지방의 사람이 오게 될 것입니다" 하였다. 내가 듣건대 앵무새를 선왕先王 때에 바쳤으나 값만 비싸고 나라에 이익이 없었다고 하는데, 지금 또 원숭이 암컷을 바치니 반드시 이전 일에 의거했을 것이다. 그러나 근자에 구리와 쇠와 같은 필요한 물건도 그 값을 대기가 어려워서 공무역과 사무역을 정지했는데, 하물며 이 같은 무익한 짐승이겠는가? 도로 돌려주고 받지 않겠다는 뜻으로 타이르라.

《조선왕조실록》연산군 8년(1502년) 11월 14일자

역사적 사실을 예로 들며 일본에서 보낸 원숭이를 거절하는 대목이다. 연산군은 '나라에 필요한 구리와 쇠라면 받겠지만, 나라에 전혀 쓸모가 없는 원숭이를 받을 수는 없다. 그래도 일본과의 관계를 고려해서 잘 타일러서 돌려 보내라'는 지극히 상식적이고 균형 잡힌 명령을 내린다.

연산군은 나이답지 않은 '노련한' 정치인이었다. 12년 동안 세자 수업을 받고 19세에 즉위한 연산군은 아버지가 물려준 '유산'을 어떻게 처리할까 고민하게 된다. 바로 비대해진 언관세력, 사림세력이다. 세조가 훈구대신을 옆에 끼고 정치를 했고, 이 훈구대신의 권력이 너무 비대해지자 성종은 사림 세력을 끌어들여 훈구대신을 견제하려 했다가 사림세력이 너무 커져 거꾸로 사림세력들에게 휘

둘리게 된다.

이러한 상황에서 즉위한 연산군은 거꾸로 이 사림세력을 견제할 방법을 찾게 된다. 바로 훈구세력이었다. 연산군은 훈구세력에게 힘을 실어줘 사림 세력의 기를 꺾기 시작했다. 견제와 균형이라고 해야 할까? 언관들은 새내기 왕인 연산군의 기를 꺾기 위해 발버둥을 쳤지만, 연산군은 이를 노련하게 제압해간다. 연산군이 권력을 획득해 가는 과정이나, 그 사이에 있었던 국정운영 능력을 보면 평균 이상의 통치능력을 확인할 수 있다.

우리가 폭군이라 생각하는 연산군의 이미지는 갑자사화 이후의 이야기다. 갑자사화가 연산군 10년에 있었던 일이니, 연산군의 폭군 이미지는 이때 이후부터 만들어졌다고 볼 수 있다. 누군가는 연산군 시절에 수많은 사화가 일어났고 이를 통해 선비들이 무수히 죽어 나갔다고 말하는데, 이는 사실이지만 동시에 사실이 아니다.

연산군 시절에 두 번에 걸쳐 대규모 사화가 일어났다. 하나가 무오사화이고, 다른 하나가 갑자사화다. 이 두 개의 사화는 하나의 목적, 다른 이유로 일어났다고 할 수 있다.

두 번의 사화로 연산군은 조선왕조 역사상 가장 강력한 왕권을 구축하게 된다. 비대해진 언관세력들과 사림세력들을 억누를 수 있는 힘을 얻게 된 것이다. 두 차례의 사화는 연산군이 '권력'을 얻기 위한 투쟁이라고 봐야 하는 것이 맞다. 문제는 이 사화의 '명분'인데, 갑자사화의 경우에는 후술하겠지만, 무오사화의 경우에는 당시 상황을 그대로 내버려두는 것이 더 이상한 상황이었다.

1899년 〈개령군읍지〉에 실린 여단屬壇

전염병이 돌거나 자연재해가 생기면 나라에서는 원통한 죽음이 있었는지 살피고, 고을에서는 수령이 여단으로 나아가 여제를 드렸다. 동중서가 주창한 재이설에 따르면 기상이변을 맞은 군주는 자신의 부덕을 반성하며 근신해야 했다. 그러나 임사홍은 '흙비 사건'에서 별 피해도 없으니 별 문제가 아니라고 주장했다가 유배길에 오른다.

우리 역사상식으로 무오사화는 유자광과 이극돈이《성종실록》편찬 과정에서 김종직의 〈조의제문弔義帝文〉(항우가 의제를 죽인 일에 빗대 세조의 왕위 찬탈을 비판한 것으로 의심받은 시)을 보게 됐고, 이를 구실로 삼아 계속 파다 보니 김일손의 사초史草(사관들의 역사기록)까지 확인하게 되었던 데에서 비롯된 참사다.

문제는 김일손의 사초인데, 그 기록의 진위가 불분명할 뿐만 아니라 내용 자체도 상당히 위험했다. 세조가 아들의 후궁과 간통하려 했는데 실패했다는 등, 문종의 부인 현덕왕후의 관을 꺼내 바닷가에 버렸다는 등 '묻지마' 식의 이야기들이 기록되어 있었기 때문이다. 당연하지만 이는 모두 사실이 아니었다.

만약 연산군이 이것을 그대로 묵인했다면, 왕조 자체를 부정하고 자신의 정통성을 인정하지 않는 셈이 된다. 게다가 세조는 연산군에게 할아버지가 된다. 당연히 처벌할 수밖에 없는 상황이었다.

임사홍이 갑자사화를 일으킨 것인가?

일반적인 인식으로 갑자사화는 임사홍이 폐비 윤씨의 존재와 그 비극적인 최후를 연산군에게 알려주면서 시작된 것으로 알려졌다. 그러나 이건 잘못된 상식이다. 연산군은 그 일과 무관하게 이미 폐비 윤씨의 존재를 알고 있었다.

왕이 성종의 묘지문墓誌文을 보고 승정원에 전교하기를 "이른바 판봉상시사判奉常寺事 윤기무尹起畝란 이는 어떤 사람인가? 혹시 영돈녕領敦寧 윤호尹壕를 기무起畝라 잘못 쓴 것이 아니냐?" 했다. 이에 승지들이 아뢰기를 "이는 실로 폐비 윤씨의 아버지인데, 윤씨가 왕비로 책봉되기 전에 죽었습니다" 했다. 왕이 비로소 윤씨가 죄로 폐위되어 죽은 줄을 알고, 수라水剌를 들지 않았다.

《조선왕조실록》 연산군 1년(1495년) 3월 16일자

연산군은 즉위하고 얼마 지나지 않아 폐비 윤씨에 대한 사실을 공식적으로 확인하게 된다. 물론 그 이전에 궁궐 생활을 통해 뭔가 심상찮은 기운을 감지했을 확률이 높지만, 역사상으로는 즉위하고 3개월 만에 생모의 존재를 확인하는 것으로 나온다. 이후 연산군은 자신의 생모인 폐비 윤씨의 추숭을 위해 노력한다. 이때 언관들이 들고 일어나 폐비 추숭을 반대했다. 이후 이들은 다 처단된다.

정치적 결과로만 보자면 무오사화와 갑자사화는 연산군이 기획한 권력장악 프로젝트라고 볼 수 있다. 무오사화로 언관으로 대표되는 사림세력을 무너뜨리고, 갑자사화로 훈구세력들을 제압한 것이다. 이와 같은 두 차례의 숙청을 거쳐 연산군은 무소불위의 왕권을 획득했다.

이후로 연산군은 공포정치로 돌아서게 됐고, 조정 대신들은 연산군의 눈치를 보며 살아가게 됐다. 연산군 즉위 초 연산군의 비호를 받던 훈구대신들은 무오사화를 통해 권력을 얻었지만, 이후 갑

자사화를 통해 토사구팽의 쓴맛을 봐야 했고, 성종 시절 겁 없이 덤 벼들던 언관들은 무오사화를 통해 1차 숙청을 당했고, 갑자사화 때 그 싹이 완전히 잘려 나간다. 폐비 추숭을 반대했던 대간들 또한 이 때 숙청되었다.

연산군은 냉정한 정치 셈법으로 두 번의 사화를 기획했고, 이를 활용해 자신의 권력을 공고히 했다. 그런 다음 무소불위의 절대왕 권을 휘둘렀다. 이러한 연산군의 계획에 임사홍이 끼어들 틈은 없 었다. 임사홍은 연산군에게 '이용'당한 것일 뿐이다.

임사홍은 연산군의 채홍사로 활약했는가?

임사홍의 아들 임숭재의《졸기》를 보면 다음과 같은 구정이 나 와 있다. "죽어도 여한이 없으나, 다만 미인을 바치지 못한 것이 유 한입니다." 이 말을 전해들은 연산군은 몹시 슬퍼했다고 한다. 기 록상으로 보자면 연산군의 채홍사로 활약한 이는 임사홍이 아니라 임숭재인 것이다.

젊고 영리하며 자색 있고 음률을 해득하는 기녀들을 이미 간택 했는데, 그중에 지아비와 자식이 있는 자는 간택하지 말라 하시 니, 이와 같이 하면 간택될 자의 수가 적을 것입니다.

《조선왕조실록》 연산군 10년(1504년) 12월 8일

공천公賤의 딸은 간택하지 말라는 명령이 계셨으나, 의녀는 다른 공천의 딸과 같지 않으므로 조금이라도 영리한 자는 모두 선발하게 하소서.

《조선왕조실록》연산군 10년(1504년) 12월 10일자

간택한 이 및 글 가르치고 음률 가르칠 사람들을 본원에서 가르치고 연습시키도록 하셨는데, 주야로 늘 있게 하려면 포진舖陳과 공궤供饋도 또한 준비해줘야 합니다. 또 처용무를 진풍정進豊呈에 사용하려면 사모紗帽를 화려하게 하지 않을 수 없으니, 공조로 하여금 이금泥金과 진채眞彩를 사용해 만들도록 하는 것이 어떠하리까?

《조선왕조실록》연산군 10년(1504년) 12월 15일자

실록에 나와 있는 임숭재의 '활약상'이다. 임숭재는 연산군의 명에 따라 여자를 가려 뽑고 이들에게 춤과 노래를 가르쳤다. 진정한 채홍사는 임숭재다. 그렇다면 그의 아비인 임사홍은 연산군 밑에서 무엇을 했던 것일까?

전교하기를 "채홍採紅 같은 일은 반드시 기개가 호걸한 자라야 잘 하리니, 이손, 홍숙, 조계상, 성봉정 등으로 하여금 평안도에 가서 다시 뽑게 하라" 하였다.
왕께서 임사홍이 임무를 감당하지 못함에 노해 손 등을 보낸 것

이다. 손은 사람됨이 용렬하고 비루하며 말이 경솔해 성실하지
못했는데, 이숙원의 아들이 일찍이 손의 집에 있었던 인연으로
청탁해 자기 손자 이강을 벼슬시키니, 사림들이 침을 뱉었다.
《조선왕조실록》 연산군 11년(1505년) 9월 19일자

예로부터 미인이 많은 것으로 유명했던 평안도로 임사홍을 보냈
지만, 그가 보내온 여인들이 성에 차지 않은 연산군은 다시 뽑을 것
을 명했다. 임사홍은 채홍사의 일에 소극적으로 임한 것이다. 그는
왕의 향락을 위해 여자를 선별해서 보내는 일을 싫어했던 것이다.
물론 그의 아들 임숭재가 아비의 몫까지 대신하기라도 하듯 적극
적으로 채홍사 일을 했음을 떠올린다면, 임사홍이 여인을 뽑았다
고 봐도 무방할 것이다. 그러나 역사 기록으로만 보자면 적어도 임
사홍은 이 일에 관여하는 것을 꺼려했음을 확인할 수 있다.
　그렇다면 임사홍은 역사의 희생양일까?

연산군은 폭군이고, 임사홍은 간신이다

반복하지만 무오사화와 갑자사화는 연산군이 기획한 권력 장악 친
위 쿠데타로 봐야 할 것이다. 실제로 두 사회가 일어난 결과로 연산
군은 무소불위의 권력을 쥐게 되었고, 재위 후반기가 되면 조선 역
사상 손꼽을 만한 왕권을 휘두르게 된다.

여기까지만 보면 연산군은 폭군이 아니라 역사의 희생양처럼 보인다. 그러나 그 이후가 문제였다. 권력을 잡는 순간까지의 연산군은 거칠지만 균형 잡힌 통치와 식견을 보여줬다. 그러나 그가 강력한 왕권을 쥐고 자신을 견제할 만한 신하들이 사라진 다음부터는 '망나니'가 됐다.

구체적으로 말하자면, 연산군에게는 권력을 잡은 뒤 그 힘을 어떻게 행사할지에 대한 청사진이 없었다. 연산군만큼이나 왕권에 대한 집착이 강했던 태종이나 세조를 보면, 왕권을 잡은 뒤 최소한 '무엇을' 하겠다는 의지나 구상이 있었다. 주변의 여건상 실행에까지 옮기지 못한 경우도 있었지만 그 방향과 목표만큼은 분명했다. 그러나 연산군은 왕권을 강화한 이후 거머쥔 권력으로 무엇을 이루겠다는 청사진을 제시하지 못했다. 이 권력은 개인의 복수, 개인의 쾌락을 위해서만 작동됐다.

안타까운 대목이다. 그는 폭군이 맞다.

그렇다면 임사홍은 어떠했을까? 분명한 사실은 그에게 변명의 여지는 있다는 점이다. 성종 시절 별것 아닌 의견 하나를 제시했다가 졸지에 '간사한 인물'이 됐고, 이를 빌미로 조정에서 퇴출되기까지 했다. 그가 역사의 빛을 다시 본 때는 연산군이 즉위한 이후부터였다. 그가 성종 시절 조정에서 쫓겨난 까닭은 당시 너무 비대해진 '사림세력' 때문이었고, 그가 역사에 '간신'으로 기록된 이유 또한 일정 부분 이런 배경이 깔려 있다고 할 수 있다.

냉정하게 살피면 연산군 시절의 정치사는 왕권과 신권의 충돌이라고 볼 수 있다. 비대해진 신권세력과 이를 억누르려는 왕권의 충돌이 두 번의 사화를 일으켰고, 그 결과로 수많은 피가 흘렀으며, 결국에는 신권의 승리로 끝나게 됐다. 바로 조선사 최초의 반정反正인 중종반정이다.

신하가 왕을 몰아내고 택군擇君(왕을 선택)의 길을 선택한 것은 왕조국가의 뿌리 자체를 뒤흔드는 대사건이다. 이 엄청난 역사적 선택 앞에서 당사자인 신하들도 당황했을 것이다. 그렇기 때문에 그들은 자신들의 행동에 정당성을 더하기 위해 온갖 노력을 다했다. 그 결과가 '연산군 폭군 만들기'고, 몇몇 연산군의 측근들에 대한 '간신 만들기'다.

《연산군일기》나 연산군 시대를 기록한 몇몇 역사서를 보면 과장의 수준이 도를 넘어설 정도다. 물론 이 기록물들이 모두 사실일 확률도 있지만, 그렇다고 보기에는 기록의 양 자체가 너무 적다.《연산군일기》의 경우, 재위 중반 이후로는 초등학생이 개학 직전에 몰아 쓴 방학 일기처럼 밀도가 떨어지고 생략된 부분이 너무 많다. 게다가 후대의 사관이 자신의 감정을 덧칠한 흔적이 역력하다. 즉 승자의 기록인 것이다.

그렇다고 해서 연산군과 임사홍의 행적이 용서되는 것은 아니다. 다만 몇몇 개인이나 그들의 행위만으로 한 시대 전체를 쉽게 규정하는 것을 피하자는 말은 하고 싶다.

임사홍의 경우에는 아무리 변명을 해봐도 미필적 고의로 연산군에 부역하고, 이를 방조했다는 꼬리표가 붙을 수밖에 없다. 좀 더 적극적으로 해석한다면, 연산군의 옆에 붙어 부귀영화를 누렸다고 할 수 있다. 그렇지만 그가 간신의 길을 걸을 수밖에 없었던 책임의 절반은 비대해진 사림세력과, 이를 응징하기 위해 임사홍을 간신으로 활용한 연산군에게 있다는 것을 잊지 말아야 한다.

원균

군주에게는
죄를 뒤집어써줄
내부의 적이
필요하다

순무어사가 왔다. 우수사와 경상 우사, 충청 수사도 함께 와서 술을 세 순배 마셨는데 원 수사는 짐짓 취한 채 광증을 부리며 함부로 무리한 말을 뇌까리니 순무어사도 괴이함을 이기지 못했다. 하는 짓이 극히 포악하다.

《난중일기》 갑오년(1594년) 4월 12일자

이순신 장군은 《난중일기》 곳곳에 원균元均에 대한 분노를 터트렸다. 오죽하면 그를 원흉元凶이라고 표현했을까? 원균의 존재는 이순신을 포함해 조선 백성들에게는 악몽 그 자체였다. 만약 그가 태

어나지 않았다면, 설사 태어났더라도 수군에 없었다면 조선은 좀
더 수월하게 일본과의 전쟁을 이겨낼 수 있었을 것이란 말을 하는
사람들도 있다.

　그렇다면 원균이 없었으면 조선은 전란을 보다 쉽게 넘길 수 있
었을까? 개인적인 의견이지만, 원균이 존재하지 않았다면 또 다른
원균이 등장해 그 역할을 계속했을 것이다. 지금부터는 그러한 생
각을 한 까닭에 대해 이야기하고자 한다.

개운치 않았던 성장 과정

원균은 오늘날 경기도 평택의 전형적인 무인 집안에서 태어났다.
아버지는 경상도 병마절도사를 지낸 원준량元俊良이다. 기록을 살
펴보면 원준량이 무과시험에 외압을 넣어 아들을 급제시켰다는 내
용이 나온다.

　　함경북도 병사 곽흘, 평안 병사 이택, 경상우도 병사 원준량이
　　그들의 자제를 무과 초시에 응시하도록 허락한 일은 지금 추고
　　推考 중에 있습니다. 신들이 듣건대, 과거 사목科擧事目이 문과는
　　상세한데 무과는 일정한 규정을 세우지 않은 까닭에 그 자제들
　　이 군관으로서 구례대로 응시하도록 허락한 것입니다. 법을 어
　　기고 거짓으로 응시한 것과는 비할 바가 아니니, 상께서 참작해

처리함이 어떻겠습니까?

《조선왕조실록》명종 19년(1564년) 6월 21일자

  당시 원균의 나이로 보자면 이 '자제'가 원균일 확률이 높다. 바로 밑에 있는 동생은 문과 급제생이었고, 그 밑의 동생들은 무과에 응시하기에는 한참 이른 나이였다. 실록을 좀 더 살펴보면 당시 원균의 부친 원중량은 군졸을 쥐어짜내 재물을 모았기에 원준량 밑에 있는 병사들은 그가 하루 빨리 파직되기를 원했다는 기록이 나온다. 그럼에도 파직을 당하지 않을 수 있었던 까닭은 당시 실세였던 윤원형에게 뇌물을 갖다 바쳤기 때문이라는 부연 설명도 달려 있다.

  아버지와 아들을 연좌로 묶을 순 없지만, 출사 과정이 개운치 않은 것은 사실이다. 그럼에도 불구하고 원균은 출사 이후 고속승진하게 된다. 그의 행적을 살펴보면 딱히 큰 공적을 세운 기록은 보이지 않는다. 예를 들어 시전부락 전투에 참전한 것은 확인되지만, 군공에 대해서는 나와 있지 않다. 그럼에도 불구하고 그는 과거 급제 후 12년 만에 경상우수사에 오른다.

  그의 인생을 뒤바꾼 계기는 임진왜란이었다. 전쟁이 터지기 직전까지만 하더라도 그의 이름은 '비난'의 대상이었을 뿐이다.

  사간원이 아뢰기를 "전라 좌수사 원균은 전에 수령으로 있을 적에 고적考績이 거하居下였는데 겨우 반 년이 지난 오늘 좌수사에 초수^{超授}하시니 출척 권징^{黜陟勸懲}의 뜻이 없으므로 물정이 마땅치 않게 여깁니다. 체차를 명하시고 나이 젊고 무략^{武略}이 있는 사람을 각별히 선택하여 보내소서" 하니, 그리 하라고 답했다.

《조선왕조실록》 선조 24년(1591년) 2월 4일자

원균은 수군절도사에 앉았지만 성과가 없다는 이유로 곧 파직되었다. 그리고 1592년, 임진왜란이 발발하기 3개월 전에 경상우도 수군절도사에 다시 임명된다.

원균이 탄핵되고, 그럼에도 경상우도 수군절도사에 임명된 데에 대해서는 어느 정도 이해하고 넘어갈 수 있는 사정이 있다. 당시 조선 무관들이 행실이나 행정능력에서 미숙한 것은 예사로운 상황으로, 원균에게만 해당되는 특별한 과오는 아니었다. 당시 조선 정부는 일본의 침략을 예상하고 그에 대비를 하고 있었던 상황이다. 예를 들어 이순신 또한 이런 전차로 전라좌수사 자리에 앉았던 것이다.

이렇게 대비를 한 상황이었지만, 일본의 침략을 막을 순 없었다. 문제는 이 당시 원균의 대응이다.

"원균이 바다에 나가 적선 30여 척을 격파했다고 했습니다. 신이 천안에 이르니 병사 신익이 군사 만 명을 거느리고 있었고, 방어사 이옥과 이세호 등도 그곳에 있었습니다."

"우수영은 수사水使와 우후虞候가 스스로 군영을 불태운 이후 우후는 간 곳을 알 수 없고, 수사는 배 한 척을 타고서 현재 사천 해포海浦에 우거하고 있는데 격군格軍 수십 명 이외에는 군졸이 한 명도 없습니다."

첫 번째는 1592년 5월 10일 선전관 민종식이 전선시찰을 한 이후 선조에게 보고한 기록이고, 두 번째 기록은 1592년 6월 28일 경상우도 초유사 김성일이 경상도 전선의 상황을 선조에게 보고한 기록이다. 서로 상반되는 내용이다.

민종식의 보고에 따르면 원균이 적선을 깨뜨렸다고 나오지만, 김성일의 기록에서는 경상 우수영의 배 70여 척을 자침시킨 다음 한 척만을 들고 도망갔다고 한다. 그렇다면 두 기록 가운데 어떤 기록이 옳을까? 두 기록을 비교하며 원균이 자신의 공을 꾸며 거짓보고를 올린 것을 민종식이 듣고 기록으로 남긴 것이라고 추측할 수 있겠지만, 두 기록의 내용 모두 일단 모두 사실임을 가정한다면 원균이 왜군과 싸우다 배를 모두 자침시키고 퇴각했다고 정리할 수 있다.

다만 원균이 배를 자침시킨 이유에 대해서는 다시 들어봐야 할 지점도 있다. 후퇴하면서 적이 사용할 수 있는 전략물자를 남기지 않는 것은 군사작전에서 일반적인 상식이다. 한반도에 들어선 국가들이 한반도 내에서 벌어진 전쟁에서 공통적으로 사용했던 전략이 바로 청야입보淸野立保(들을 비우고 성에 들어가 지킨다는 방식)이기도 하다. 즉 적이 활용할 만한 물자들은 모조리 없앤 다음 성에 들어가 버티며 적이 지치기를 기다리는 계획이다.

당시 상황을 보면 원균에게도 할 말이 없는 것은 아니기도 했다. 당시는 개전 이틀 만에 동래성이 함락됐고, 경상좌수사 박홍도 도주해 버린 뒤였다. 이 때문에 경상우수영도 와해됐다. 이후 원균은 전라좌수영으로 후퇴해 이순신, 이억기 등과 연합함대를 결성한 다음 왜군과 싸우게 된다.

문제는 이후 전공 보고 문제로 사사건건 이순신과 충돌을 일으켰다는 대목이다. 두 장수의 반목을 보다 못한 조정은 결국 원균을 충청병사로 보내 둘 간의 충돌을 원천적으로 막아버린다. 참고로 충청병사 재직 시절 원균이 했던 사업이 상당산성 재건축이었는데, 완공 후 비에 쓸려 무너지게 된다.

그가 다시 역사의 전면으로 나선 때는 정유재란 발발 직후였다.

이순신이 키우고 원균이 말아먹은 수군

삼도수군통제사 자리에 올랐을 때 이순신이 골몰했던 일은 바로 조선 수군의 전력 증강이었다. 삼도수군통제사 자리에 올랐을 때 조선 수군의 전력은 전함 143척에 수병 2만 3,000명이었으나, 이는 어디까지나 서류상의 숫자일 뿐 실제로 움직일 수 있는 전함은 105척 내외였다. 이를 250척으로 증강시킬 계획을 세우고 실천했던 이가 바로 이순신 장군이다. 아무리 무적의 이순신 장군이라지만, 천여 척에 달하는 규모의 일본 수군이 부담스러웠을 것이다. 그러나 이순신은 중앙정부로부터 아무런 지원을 받지 못했다. 지원은커녕 뭔가를 빼앗아가지만 않았으면 좋겠다는 것이 이순신 장군의 심정이었을 것이다.

선조와 전시 행정부는 툭하면 이순신에게 공물을 요구했다. 말린 홍합이나 미역 같은 식료품은 기본이고, 종이와 노획한 조총에 심지어 병력까지 빼앗아갔다. 전라도 지방의 장정들은 이미 대부분 육군으로 징병되어 나갔기에 수군으로 충당할 병력이 없었다. 육군이 다 쓸어가 버린 후 남은 장졸과 자원만이 이순신 장군에게 주어졌다. 하지만 이 상황에서도 이순신 장군은 아무런 불평불만 없이 병력을 훈련시켰고, 식량과 무기를 생산했으며, 심지어 이 가운데 일부를 중앙에 바쳐가며 전투를 벌였다.

이렇게 피땀 흘려 만든 것이 한산도 통제영이다. 이순신 장군은 왜군의 수륙병진水陸立進 전략을 꿰뚫어보고는 바다에서의 승리가 곧 임진왜란의 승리를 가져올 것으로 판단했다. 그리고 남해 제해권 확보를 위한 기본적인 전략으로 출항통제出港統制와 협수로통제狹水路統制 전략을 내놓는다.

출항통제 전략은 일본의 소함대나 길 잃어버린 함대 등을 공격해 격침시키는 '가랑비에 옷 적시기' 전술로 볼 수 있다. 반면 협수로통제 전략은 말 그대로 전쟁 자체의 운명을 바꿔버린 필승의 계책이었다. 좁은 수로의 전략적 요충지를 모두 막아버려 왜군의 서해 진출을 원천적으로 봉쇄, 고사시키면 왜군이 육지에서 힘을 못 쓰고 종국에는 패할 것이란 단순하면서도 확실한 전략이었다.

이순신은 이런 전략적 판단을 내린 다음 한산도에 통제영을 설치하고 3년 7개월 동안 둔치고 있었다. 이 기간 동안 이순신 장군은 단순히 왜적을 경계하고 전투만 했던 것이 아니라 병사들을 훈련시키고 둔전屯田을 통해 군량미 9,914섬을 수확하고 초전법으로 양산해낸 화약 4,000근과 화포 300문을 생산한다. 이에 더해 46척의 신규 전함을 건조해 조선 수군의 함대 규모를 189척으로 늘렸다. 이 모든 것을 단 하룻밤 사이에 말아먹은 이가 바로 원균이다.

그 시작은 요시라要時羅(대마도 출신으로 고니시 유키나가 휘하의 간첩)의 반간계反間計였다. 평소 카토 기요마사加藤淸正와 사이가 좋지 않았던 고니시 유키나가가 요시라를 통해 경상우병사 김응서金景瑞에게 정보를 흘린다. 가토가 바다를 건너온다니 이를 치라는 내용이었다. 권율은 이를 조정에 보고하고 한산도에 명령을 내렸다. 그러나 이 자체는 크게 중요치 않다. 당시 상황으로는 함대를 움직일 전략적 여건이 전혀 없기도 했다.

우리가 알아야 할 것은 당시 한산도에 둔치고 있었던 조선 수군과 왜군의 상황이다. 한산도 대첩 이후 왜군은 납작 엎드린 채 해안가에 왜성을 쌓기 시작한다. 해전으로는 상대할 수 없으니 왜성을 쌓아 올려 조선 수군을 견제하기 위함이었다. 또한 한산도에 통제영을 세운 이순신 장군의 의도도 파악해야 했고, 먼 바다로 돌아오는 왜군의 상황도 확인해야 했다.

당시 조선 수군과 왜군은 서로 노려보며 대치하고 있던 상황이었다. 한산도 대첩 이후 조선 수군과 왜 수군 사이에서 대규모 회전은 없었지만 한산도를 사이에 두고 팽팽한 긴장감이 흐르고 있었다. 먼저 움직이는 쪽이 압도적으로 불리한 상황으로, 오늘날 한반도를 가로지른 휴전선에서의 남북대치 상황을 생각하면 될 것이다. 왜군이 함대를 이끌고 진출했다간 이순신 함대에게 격파당할 것이고, 반대로 이순신 장군이 함대를 이끌고 부산포로 진격했다가는 역습을 당할 것이다. 한마디로 말해 전략적으로 수군이 움직인다는 것은 무리였고, 이 사실을 누구보다도 잘 알고 있었던 이가 이순신 장군이었다.

이러한 상황에서 조선 수군은 결국 가토를 놓쳤지만, 이때만 해도 조정에서도 상황을 이해하는 분위기였다. 그러나 우호적인 분위기는 오래가지 못했다. 원균이 장계를 올린 것이다. 자신이라면 가토를 잡을 수 있었다는 내용이었다. 이를 본 선조는 하늘이 준 기회라 생각하고, 이순신이 가토를 놓친 것은 자신을 능멸한 처사라며 화를 낸다.

그 뒤는 일사천리로 일이 진행되었다. 사헌부의 탄핵이 이어지고, 이틀 뒤 이순신은 삼도수군통제사에서 파직돼 도성으로 압송된다. 그리고 이순신이 물러난 자리에는 원균이 앉게 된다. 조선 수군의 비극이 시작된 것이다.

이순신은 한산도에 있을 때 운주당運籌堂이라는 집을 짓고 밤낮으로 그곳에 거처하면서 여러 장수들과 전쟁에 관한 일을 함께 의논했다. 비록 지위가 낮은 군졸일지라도 전쟁에 관한 일을 말하고자 하는 이에게는 찾아와서 말할 수 있도록 함으로써 군중의 사정에 통달했으며 … 원균은 자기가 아끼는 첩과 함께 운주당에 거처하면서 울타리로 당의 안팎을 막아버려 여러 장수들은 그의 얼굴을 보기조차 드물게 되었다. 또 술을 즐겨서 날마다 주정을 부리고 화를 내며, 형벌 쓰는 일에 법도가 없었다. 군중에서 가만히 수군거리기를 "만약 적병을 만나면 우리는 달아날 수밖에 없다"라고 했고, 여러 장수들도 서로 원균을 비난하고 비웃으면서 또한 군사 일을 아뢰지 않아 그의 호령은 부하들에게 시행되지 않았다.

《징비록》중에서

이순신이 있었을 때에는 작전회의실로 쓰이던 장소가 원균이 온 다음부터는 '기생잔치'의 장소가 됐다. 군심은 흔들렸고 장수들은 원균을 사람취급하지 않았다. 급작스러운 지휘관 교체에서 인수인계가 제대로 될 리도 없었다. 이런 상황에선 제일 먼저 업무 파악 및 적의 정세에 관한 면밀한 관찰과 분석이 필요했건만, 원균은 이 모든 업무를 방기했다. 일이 터질 수밖에 없었다.

설상가상 여기에 원균 스스로가 했던 말이 더해진다. '만약 자기가 그 자리에 있었다면 부산포로 쳐들어가 왜군을 몰아낼 수 있다'고 호언장담을 했었기에 권율은 부산포로 진군하라며 원균을 압박한다. 심지어는 못 가겠다고 버티는 원균에게 곤장을 치기까지 한다.

이러한 소동에서 원균이 아주 수준 이하의 장수는 아니었음은 확인할 수 있다. 말로는 일본 본토까지 짓쳐 들어갈 기세였지만, 막상 삼도수군통제사 자리에 오르고 보니 이순신 장군이 움직이지 않은 이유를 알게 된 것이다. 그러나 권율과 조정의 압박, 이순신과의 차별점을 부각시켜야 한다는 조급함 등이 맞물리면서 원균은 마침내 부산포로 진출한다. 조선 수군 최대의 비극이었던 칠천량해전漆川梁海戰의 시작이었다.

누가 자격 없는 지휘관을 전장에 세웠는가?

칠천량해전 패전은 지휘관의 역량 차이에서 기인한다. 원균은 지휘부를 아직 완전히 장악하지 못했고, 전략적인 판단도 한심한 수준이었다. 아군 함대 사이를 일본 수군이 휘젓고 다녀도 이를 감지조차 못했으며, 전력 면에서 압도적인 우위에 있었음에도 해전을 포기하고 육지에서 싸우겠다는 상식 이하의 판단을 내리더니 결국 원균은 전사, 아니 사망하고 조선 수군은 제대로 응전 한 번 못 해보고 봄눈 녹듯 사라졌다.

이후의 역사에 대해서는 많은 영화와 드라마로 잘 표현돼 있다. 조선 행정부는 이순신을 석방한 다음 다시 한 번 수군을 맡긴다. 빈

껍데기만 남은 수군을 추스른 이순신은 명량에서 기적과 같은 승리를 일궈냈고, 조선 수군은 부활하게 된다. 그럼에도 전성기 때 조선 수군의 위용을 되찾지는 못했다.

여기서 우리가 생각해야 할 부분은 패전에 대한 원인이 원균에게만 있었느냐는 점이다. 최고 사령관인 원균의 모자람이 칠천량 해전의 패전을 부른 것은 분명한 사실이다. 그러나 이순신을 몰아내고 자격이 없는 원균을 앉히고, 또 그런 원균에게 어서 부산으로 진격하라고 재촉한 것은 전쟁 지도부의 결정이다. 그들은 왜 이런 결정을 내린 것일까?

"사냥이 끝난 사냥개는 주인을 사냥하지 않을까?"

선조는 조선왕조 최초로 방계승통傍系承統을 한 왕이다. 적통으로 왕위를 이은 것이 아니라 방계로 왕위를 이었다는 사실 덕분에 선조는 정통성에 대한 콤플렉스에 시달려야 했다. 이런 와중에 외적이 침범했으니 왕권은 땅에 떨어진다. 아니, 선조 스스로가 왕권을 포기하는 모습을 보였다.

신립申砬이 탄금대 전투에서 패배하자 선조는 왕으로서의 최소한의 권위도 포기하고 몽진蒙塵(머리에 먼지를 쓴다는 뜻으로, 임금이 난리를 피해 안전한 곳으로 피란을 감을 비유적으로 이르는 말) 길에 오른다. 여기서 그는 한 가지 큰 실수를 하는데 한성을 방어하겠다는 의지를 내보이고는 백성들 모르게 한양을 빠져나간 것이다.

　한 나라의 임금이란 곧 만백성의 어버이란 말인데 부모가 자식을 버리고 도망을 갔으니 백성들의 심정이 어떠했겠는가?

　　중전이 함흥으로 가기 위해 궁속들이 먼저 나가자, 평양 군민들이 난을 일으켜 몽둥이로 궁비宮婢를 쳐 말 아래로 떨어뜨렸으며, 호조판서 홍여순은 길에서 난병亂兵에게 맞는 바람에 등을 다쳐 부축을 받고 돌아왔다. 거리마다 칼과 창이 삼엄하게 벌여 있고 고함이 땅을 진동했는데 모두들 대가大駕가 성을 나가지 못하도록 하려 함이었다.

　　　　　　　　《조선왕조실록》 선조 25년(1592년) 6월 10일자

　선조가 평양성을 버리고 의주로 도망치려 할 때의 기록이다. 왕이 자신들을 버리자 백성들이 들고 일어났다. 이미 망조가 들었다고 판단한 신하들도 선조를 버리고 제 살길을 찾아 도망친다. 방계 승통이라는 가뜩이나 취약한 정통성에 '백성을 버린 임금'이라는 꼬리표까지 붙었으니, 왕의 권위는 그야말로 땅에 떨어지게 된다. 문제는 이 땅에 떨어진 권위를 챙겨 들 사이도 없이 누군가가 밟아 뭉개기 시작했다는 것이다. 바로 자신의 아들인 광해군과 전쟁영웅들이다.

　임진왜란 발발과 함께 급하게 세자 자리에 오른 광해군은 임진왜란 당시 분조分朝(전시에서 벌어질 수 있는 불상사에 대비해 본 조정과

별개로 설치한 임시 조정)를 이끌고 맹활약한다. 상황이 이렇게 돌아
가자 백성들의 민심은 자연스럽게 광해군에게로 쏠렸고, 명 조정
에서는 아예 왕위를 광해군에게 양위하라는 말까지 나온다. 여기
에 이순신을 필두로 한 조선 수군의 활약과 팔도에서 일어난 의병
장들의 분전은 가뜩이나 좁은 선조의 정치적 입지를 더욱 위축시
킨다. 이런 상황에서 선조는 의주로 도망쳐 명으로 망명을 가겠다
는 요동내부책遼東內附策 따위나 말하니, 민심과 조정 대신들의 마음
이 떠나는 것은 당연했다.

　당시 상황에서 선조가 군주로서 선택할 수 있는 방법이 몇 가지
나 됐을까? 가장 좋은 방법은 정치에서 물러나는 것이었겠지만, 선
조는 자신의 권력을 끝까지 붙잡으려 했다.

> 군국의 기무機務를 동궁에게 모두 맡겨 조치하도록 하라는 뜻으
> 로 상소를 하는 사람들이 많은데 나의 생각도 그러하다. 이곳은
> 또 너무도 멀리 떨어져 있으니 동궁이 책응策應하라는 뜻으로
> 회계토록 하라.
>
> 　　　　　　《조선왕조실록》 선조 25년(1592년) 10월 20일자

　당시의 상황을 잘 표현한 기록이다. 광해군의 활약을 보고 대신
들 가운데 일부가 권력을 광해군에게 넘기라는 상소를 선조에게
보낸 것이다. 이에 대한 선조의 반응을 보면, 참으로 노회하다 할
수 있다.

우매한 내가 전부터 외로운 회포로 간곡히 기원했으나 되지 않아 밤낮으로 조바심을 내면서 바늘방석 위에 앉아 있는 것 같았다. 그런데 지금에 와서는 조정에 괴이한 의논들이 좌우에 마구 나돌고 있으니 해괴하고 경악스럽다. 다만 그 유행을 막을 수가 없으니 그저 결연히 퇴위하지 못한 것이 한스럽다. 경들에게 잡혀 마침내 차마 듣지 못할 말을 듣게 되었으니, 모두가 나의 죄이다. 전일 내가 말한 "내가 퇴위해야만 적이 물러간다"고 한 것은, 실로 그럴 만한 이유가 있어서 한 말이다. 나로 하여금 소회 所懷를 다 쓰게 한다면 붓이 다 닳도록 쓴다 하더라도 다 쓰지 못할 것이다. 속히 퇴위하고 싶을 뿐이다.

《조선왕조실록》선조 27년(1594년) 5월 27일자

앞의 기록에서도 언뜻 보였지만, 당시 선조가 내놓은 카드가 바로 선위禪位였다. 왕조국가에서 선위 파동이 한 번 일어날 때마다 조정의 모든 업무는 정지된다. 이때 만약 까딱 잘못 처신했다간 목이 떨어질 수도 있기 때문이다. 왕위를 내려놓고 물러나겠다는 소리를 순수하게 그대로 받아들이는 사람은 없다. 그렇기에 신하들과 세자는 석고대죄를 하는 수밖에 없었다.

문제는 이런 선위 파동이 평시에 벌어졌다면 어떻게 참고 넘어갈 수 있겠지만, 한시가 바쁜 전시행정 상황임에도 선조는 시시때때로 선위파동을 일으켰다는 것이다. 그만큼 그는 아들인 광해군이 부담스러웠다. 권력은 아들과도 나눌 수 없다는 금언이 들어맞는 순간

달아나는 이각

가도난 가야도

權 愃

柳思瑗

高彦伯

李光岳

趙儆

權俊

李純信

奇孝謹

李雲龍

萬曆

年

月

日

◀동래부순절도

변박이 그린 임진왜란 기록화. 1760년 제작. 보물 제392호, 육군박물관 소장.
그림을 보면 왜군에게 길을 내주면 싸우지 않겠다는 권유(가아도假供道)에 송상현과 조
선군은 거절(가도난假道難)하는 현판을 던지며 항거한다. 한편 경상좌병사 이각은 동래
성 뒷편으로 도망치고 있다. 이는 뒤이어 한양을 버리고 도망친 선조의 파천으로 반복
된다.

▼《선무공신첩》가운데 일부

일등공신에 이순신, 권율, 원균의 이름이 함께 올라 있다.

李億祺
李廷馣
金時敏
權應銖
中點

二等

元均
權慄
李舜臣

一等

원균 권율 이순신

於中心故玆敎示想宜知悉
休廡委裕於後裔九原不可作竊自悼
裏一段內厩馬一匹至可領也於戲百世將匹
及水世仍賜奴婢九口田八十結銀子七兩表
姪女壻超一階嫡長世襲不失其祿宥

이었다.

　나라의 환란보다 자신의 권력을 유지하는 데 골몰했던 선조는 한양으로 환도한 이후 본격적인 '권력 수습'에 들어간다. 그 첫 번째가 바로 '영웅 죽이기'였다. 자신의 행적과 대비되는 전쟁영웅들을 제거해 흐트러진 민심을 수습하고, 칼을 든 장군들의 충성심을 다시 한 번 확인하려는 시도였다. 그 시범 케이스로 걸린 이가 바로 의병장으로는 김덕령金德齡이었고, 관군으로는 이순신이었다.

　김덕령이 죽고 난 후 여러 장수들이 저마다 제 몸을 보전하지 못할까 걱정했다. 곽재우는 마침내 군사를 해산하고 산속에 숨어 화를 모면했으며, 이순신도 바야흐로 전쟁 중에 갑주를 벗고 앞장서 나섬으로써 스스로 탄환에 맞아 죽었다. 호남과 영남 등지에서는 부자 형제들이 서로 의병이 되지 말라고 경계했다.

　숙종대 문신인 이민거李敏敍가 주장한 내용이다. 당시 김덕령은 반란을 일으킨 이몽학李夢鶴과 내통했다는 혐의로 국문을 당했는데, 선조가 직접 진두지휘해 김덕령의 팔다리를 모두 부러뜨리고 국문 20여 일만에 고문 후유증으로 죽게 만들었다.

　그 효과는 즉각적이었다. 의병들이나 이순신 장군 같은 전쟁영웅들이 정유재란 말엽부터 몸을 사리고 납죽 엎드리게 된다. 홍의장군 곽재우는 의병을 해산했고, 육전의 영웅인 권율權慄은 아침저녁으로 장계를 띄워 선조에게 충성을 맹세한다. 이순신이 한양으로 끌려간 이면에는 이런 사연이 있었다.

결속을 다져줄 적이 없다면 내부에서 적을 만들어라

원균은 칠천량에서 조선 수군을 모두 궤멸시켰음에도 임진왜란이 끝난 뒤 일등 공신이 된다. 오늘날에 비유해 설명하자면, 대한민국 해군 전부를 바다에 수장시킨 사람이 태극무공훈장을 받은 것이다. 원균이 지금까지 욕을 먹는 이유 가운데 하나가 바로 여기, 이해하기 어려운 논공행상論功行賞에 있다. 어째서 이런 황당한 일이 벌어진 것일까? 여기에도 선조가 개입되어 있다.

임진왜란 당시 국난 극복에 공이 있어 책봉된 인물은 호성공신 扈聖功臣 86인, 선무공신宣武功臣 18인, 청난공신淸難功臣 5인이다. 여기서 청난공신의 경우는 왜군과 직접 교전한 것이 아니라 백성들의 반란을 진압한 것이기에 논외로 치겠다.

여기서 주목하고자 하는 부분은 호성공신 86인과 선무공신 18인의 명단이다. 호성공신이란 선조를 따라 의주까지 쫓아간 신하들에게 내려진 녹훈이고, 선무공신이란 우리가 일찍이 한국사 교과서를 비롯한 역사책에서 접해 익숙한 임진왜란 삼대첩의 영웅들에게 내려진 녹훈이다.

이러한 책봉 기준을 보면 '임진왜란 당시 목숨을 걸고 싸운 이들이 고작 18명밖에 되지 않는 것인가'라는 의문이 들 것이다. 설마

7년 전쟁 기간 동안 공을 세운 이가 이 정도밖에 되지 않을까? 쉽게 납득하기 힘든 공신의 명단에는 어떤 비밀이 숨겨져 있었다.

"전일 공신도감의 계사啓辭에 청난淸難, 정왜征倭(훗날 선무공신) 공신을 주관해 마련할 원훈元勳을 대신들로 하여금 의논하고 계품해 시행하게 할 것을 청했는데, 윤허하셨습니다. 청난공신은 전년에 홍가신에게 주관해 마련케 했으니, 홍가신을 속히 올라오도록 하유하시어 마감하게 하는 것이 마땅하겠습니다. 정왜공신은 권율, 이순신 등이 모두 이미 사망했으니, 이밖에 주관해 마련할 사람들로 어떤 사람이 합당할지 신들도 알지 못하겠습니다. 그리고 적을 물리치고 나라를 회복한 공로는 모두 성상께서 지성으로 사대事大하시어 명 조정에서 곡진하게 구제해준 결과일 뿐입니다. 우리나라의 여러 신하들에게 조금 수고한 공로가 있다 하더라도 이는 또한 직분 내의 일이니 특별히 기록할 만한 공로가 무엇이 있겠습니까.

신들의 생각으로는 호종扈從(훗날 호성공신)과 정왜를 구별해서는 안 될 듯싶습니다. 전진戰陣에서 뛰어나게 힘을 발휘한 자들에 대해서는 상께서 이미 통촉하고 계실 테니 몇 명 정도 뽑아내어 융통성 있게 마련한다면 사체에 합당할 것 같으나 오직 상께서 재량하시기에 달려 있습니다. 그러나 정왜공신에 참록된 자들이 호종한 여러 신하에 비해 지나치게 소략하게 되면 뒷날 장사將士들의 마음이 실망하지 않을 수 없을 것이니, 이 점 역시 염려가 됩니다. 감히 아울러 아룁니다" 했다.

이에 전교하기를 "윤허한다. 여러 사람들의 의논이 이와 같다면 합록合錄하는 것도 좋겠다. 다만 이번의 적변賊變은 전에 없던 변고로서 이는 변변찮은 나로 말미암은 소치다. 그런데 명 조정에서 군사를 동원해 적을 몰아내고 강토를 회복했으니 이 또한 옛날에 없던 공적이다. 이것은 호종했던 여러 신하들의 충성 덕분이니, 어찌 다른 사람들이 한 일이겠는가. 또 힘껏 싸운 장사들에 대해서는 그 공을 기록하지 않을 수 없겠으나 우리나라 장졸에 있어서는 실제로 적을 물리친 공로가 없다. 그 중에서 참작해 합당하게 마련하되 외람되게 해서는 안 된다. 대개 합록할 것인지의 여부는 원훈으로 하여금 다시 의논해 참작해서 조처하도록 하라" 했다.

《조선왕조실록》 선조 35년(1602년) 7월 23일자

이와 같은 기록을 보면, 왜 이해하기 힘든 논공행상이 이뤄졌는지에 대해 추측할 만한 실마리가 보인다. 즉 "적을 물리치고 나라를 회복한 공로는 모두 성상께서 지성으로 사대하시어 중국 조정에서 곡진하게 구제해준 결과일 뿐입니다", 바로 이 대목이다.

대신들의 이야기인즉슨, 임진왜란을 맞아 선조가 외교적 수완을 발휘해 명 군대를 참전케 함으로써 전란을 극복했던 것이지, 조선군이 싸워 이겼기 때문이 아니란 것이다. 이런 생각은 선조의 말에서도 잘 나타나 있다.

"명 조정에서 군사를 동원해 적을 몰아내고 강토를 회복했으니 이 또한 옛날에 없던 공적이다. 이것은 호종했던 여러 신하들의 충성 덕분이니, 어찌 다른 사람들이 한 일이겠는가. 또 힘껏 싸운 장사들에 대해서는 그 공을 기록하지 않을 수 없겠으나 우리나라 장졸에 있어서는 실제로 적을 물리친 공로가 없다."

선조는 전란 극복의 중심에 자신이 있었음을 주장하고 싶었다. 그래야 실추된 자신의 권위를 세울 수 있었기 때문이다. 그러기 위해서는 전쟁영웅들의 업적을 깎아내리고 자신이 불러들였던 명 천병의 공적을 올려야 했다. 이런 정치적 의미가 담긴 것이 호성공신과 선무공신 책봉이다. 86명이라는 이해가 안 갈 정도로 많은 호성공신 숫자와 18명이라는 이해할 수 없을 정도로 적은 선무공신 숫자에는 이러한 곡절이 있었다.

호성공신의 면면들을 살펴보면 과연 임진왜란을 극복하는 데 어떤 도움을 줬는지 이해가 안 가는 인물들이 많다. 물론 명에 들어가 명의 병부상서 석성石星에게 눈물로 읍소, 명군의 참전을 이끌어낸 정곤수鄭崑壽와 같은 이들의 공은 인정해야 하겠지만, 단순히 선조를 따라다녔다는 이유만으로 공신에 오른 자격 미달인 이들이 훨씬 더 많았다.

86인의 호성공신 가운데 내시가 24인, 마의가 6인, 의관이 2인(여기엔 허준도 포함됐다), 별좌사알別坐司謁(임금의 명을 전달하던 잡직)이 2인, 그리고 파천 중에 사망한 왕자 신성군도 포함돼 있었다. 이정도면 공신이라는 칭호가 부끄러울 정도다.

반면 왜군과 최전선에서 싸운 선무공신 책봉에는 인색하기 그지 없었다. 1등 공신은 이순신, 권율, 원균 3인뿐이고, 2등 공신은 신점, 권응수, 김시민, 이정암, 이억기 이렇게 5인이며, 3등 공신은 정기원, 권협, 유충원, 고언백, 이광악, 조경, 권준, 이순신(충무공과 동명이인), 기효근, 이운룡까지 10인으로 모두 합쳐 총 18인이다.

뭔가 허전하지 않은가? 당장 홍의장군 곽재우를 비롯해 전란에서 크게 활약한 의병장들의 이름이 눈에 띄지 않는다. 여기에서 두 가지 숨겨진 의도를 확인할 수 있다. 첫 번째, 선무공신의 책정 원칙은 임진왜란 삼대첩 참가자에 한정했다는 것이다. 두 번째, 선무 일등 공신은 무조건 죽은 사람에게만 주어졌다는 것이다. 선조의 의도가 손에 잡힐 듯 보이지 않는가?

영웅이 죽어야만 영웅 대접을 받는 까닭은 죽은 자는 말이 없기 때문이다. 자신의 역사를 증언하지 못하는 이는 권력의 입맛에 맞게 이용하기도 쉽다. 선조의 정치적 의도는 이뿐만이 아니었다. 바로 선무 일등 공신으로 올라간 원균이다. 이순신 장군이 3년 7개월간 공들여 키운 조선 수군을 단 하룻밤 사이에 들어먹은 원균이 이순신 장군과 나란히 일등 공신 자리에 오른 이유가 무엇이었을까?

원균을 2등에 녹공해 놓았다마는, 적변이 발생했던 초기에 원균이 이순신에게 구원해주기를 청했던 것이지 이순신이 자진해서 간 것이 아니었다. 왜적을 토벌할 적에 원균이 죽기로 결심하고서 매양 선봉이 되어 먼저 올라가 용맹을 떨쳤다. 승전

하고 노획한 공이 이순신과 같았는데, 그 노획한 적괴^{賊魁}와 누
선을 도리어 이순신에게 빼앗긴 것이다. … 나는 원균이 지혜
와 용기를 구비한 사람이라고 여겨 왔는데, 애석하게도 그의 운
명이 시기와 어긋나서 공도 이루지 못하고 일도 실패해 그의 역
량이 밝혀지지 못하고 말았다. 전번에 영상이 남쪽에 내려갈 때
잠시 원균을 민망하게 여기는 뜻을 가졌었는데, 영상이 기억하
고 있는지 모르겠다. 오늘날 공로를 논하는 마당에 도리어 2등
에 두었으니 어찌 원통하지 않겠는가. 원균은 지하에서도 눈을
감지 못할 것이다.

《조선왕조실록》선조 36년(1603년) 6월 26일자

이순신을 삼도수군통제사 자리에서 끌어내리고 그 자리에 원균
을 앉힌 실수를 변명하기 위해 선조는 원균을 이순신과 같은 반열
에 올린 것이다. 문제는 원균의 공이 이순신의 그것에 미치지 못한
다는 사실을 만회하기 위해 일부러 이순신을 깎아내리는 주장을
했다는 점이다. 용렬한 군주는 마지막까지 뒤끝을 보여줬다.

군주에게 이용당한 무능한 신하

원균이 어떤 장수였는지에 대해서는 재론의 여지가 없다. 만에 하
나 그가 제대로 평가받지 못한 명장이고, 그의 자질과 공적을 눈여

겨 본 선조가 그에게 공신의 녹훈을 내렸다 하더라도 칠천량에서의 패전으로 조선 수군 전체를 말아먹었고, 나아가 조선을 위험에 빠뜨린 큰 흠이 있다. 결과를 놓고 보자면 원균은 한민족 역사상 최악의 장수 가운데 한 명으로 기록될 것이다.

다만 이런 무능한 장수에게 지휘권을 넘긴 전쟁지도부에 대해서는 왜 책임을 묻지 않는 것일까? 기본적으로 칠천량해전은 일어나지 않아도 되는 전투였다. 전쟁 지도부가 현상태를 계속 유지했다면, 그러니까 이순신을 파직하지만 않았다면 칠천량해전은 일어나지도 않았고, 조선 수군은 얼마든지 훗날을 도모할 수 있었던 상황이다. 이것을 선조의 고집이 망쳤다.

놀라운 것은 이 해전에 대한 선조의 평가다.

한산을 고수해 호표虎豹가 버티고 있는 듯한 형세를 만들었어야 했는데도 반드시 출병을 독촉해 이와 같은 패배를 초래하게 했으니 이는 사람이 한 일이 아니고 실로 하늘이 그렇게 만든 것이다. 말해도 소용이 없지만 어찌 어쩔 수 없는 일이라고 방치한 채 아무런 대책도 세우지 않을 수 있겠는가. 남은 배만이라도 수습해 양호兩湖 지방을 방수해야 한다.

《조선왕조실록》선조 30년(1597년) 7월 22일자

한 국가의 수장이라는 사람이 패전을 놓고서 '사람이 한 일이 아니고 하늘이 한 일'이라며 책임을 회피한다. 이순신을 그 자리에서 물러나게 만든 것도, 함대를 적의 아가리에 밀어 넣은 것도 결국에는 자신의 책임임에도 불구하고 하늘을 탓한 것이다. 이는 긁어 부스럼이 아니라 일부러 상처를 내고 소금을 뿌리는 말이다.

7년의 전쟁 기간 내내 선조의 모습이 이러했다. 나라의 위기를 극복하기 위한 노력보다는 자신의 권력을 지키기 위해서만 골몰한 데 대한 상징적인 결과가 바로 칠천량해전 패전이다.

이런 선조에게 원균은 장기판의 말이었을 뿐이다. 만약 역사에서 원균이 없었다면, 선조는 어떻게든 또 다른 원균을 찾았을 것이다. 조선 수군에서 그 어떤 사람이 오더라도 이순신을 대신할 수는 없었다. 선조 또한 그 사실을 알고 있었을지도 모른다. 그럼에도 불구하고 그가 이순신을 잘라내고 그 자리에 원균을 앉힌 이유는 자명하다.

"권력을 지키기 위해."

왕에게 이보다 더 중요한 명제가 있을까? 국가를 기준으로 보자면, 선조의 결정은 나라에 해악만 가져오는 무능한 판단이었지만, 선조 개인의 입장에서 봤을 때에는 권력을 지키기 위한 '최선의 판단'이었다.

소대장 감도 안 되는 이를 데려다가 사단장을 시켰을 때 문제가 터지는 것은 당연한 일이다. 원균의 능력이 자신이 앉은 자리보다 부족한 것은 원균의 잘못이 아니다. 그에게 비리가 있다고 해도 당시 다른 벼슬아치들과 견줘보면 허용범위 안이다. 이순신을 질투하고 자신의 능력을 과대포장한 장계를 올린 것도 인간의 속성에 비춰보면 이해의 범주 안에 들어간다. 공명심이 있고, 명예욕과 출세욕이 있는 이들에게서 흔하게 볼 수 있는 모습이기 때문이다.

중요한 점은 이런 욕심 많고 무능한 자들을 걸러내는 구조를 마련하는 것이다. 그것이 지도자의 책임이고 덕목이다. 그리고 선조는 이 책임을 도외시했다. 알았으면서도 일부러 잘못된 선택을 했다. 자신의 권력을 지키기 위해 모험을 한 것이고, 왕으로서 부적합한 옹졸한 선택을 내린 것이다. 가장 안타까운 부분은 자신의 잘못된 선택을 가리기 위해 더 큰 잘못을 저질렀다는 대목이다.

7년 내내 도망만 다닌 주제에 자신의 잘못을 감추기 위해 목숨 걸고 싸운 이들의 공을 제외시켰고, 나아가 7년 전쟁에서 최악의 패전이라 할 수 있는 칠천량해전을 '포장'까지 했던 것이다. 어쩌면 선조는 원균에게 일등 공신 자리를 주고 싶지 않았을지도 모른다. 그러나 이순신을 미워하는 마음, 자신의 실수를 덮어야 하는 절박함이 그보다 더 컸을 것이다. 자격 없는 원균이 일등 공신이 된 까닭은 여기에 있다.

정당한 평가가 아닌 자신의 입장을 고려한 '정치적 결정', 이 결정 덕분에 원균은 지금까지도 무능한 장수를 넘어 간신이란 오명까지 뒤집어쓰고 있다.

원균은 욕심이 능력을 앞선 이였다. 자신의 주제를 넘어서는 자리에 앉아 일을 그르쳤던 그를 비난하기 위해서는 그를 통제사 자리에 앉힌 선조를 먼저 비판해야 한다. 그는 자신의 권력을 위해 나라의 운명을 위기에 빠뜨린 용렬한 군주였다.

국가의 운명이 걸린 중요한 국면에서 '원균이 그 정도로 무능하지는 않을 것이다'라는 안이하고 낙천적인 판단을 내린 것인지도 모른다. 어쩌면 이순신의 두드러진 성과를 애써 평범하게 바라봤는지도 모른다.

만약 그렇다면, 욕심이 판단력을 흐렸다고밖에 설명할 길이 없다. 그리고 이러한 오판은 당장 칠천량이라는 대참사를 불렀다.

한 가지 안타까운 점이 있다. 조선왕조를 통틀어 선조 시절만큼 '인재'가 많이 등장한 시기도 드물었다는 것이다. 문신으로 보자면 류성룡, 정철, 이항복, 이덕형 등 우리가 익히 알고 배워온 천재들로 가득했고, 무신들에서도 이순신, 권율, 곽재우, 정기룡, 정인홍, 김시민 등 용장들이 넘쳐났다.

이 많은 인재가 주변에 있었음에도 전쟁이라는 국난에 제대로 대처하지 못하고, 자신의 권력을 지키는 데에만 급급했다는 사실이 너무도 안타깝다. 한편으로, 어쩌면 이들이 있었기에 그럼에도 조선은 임진과 정유 두 번의 전란을 극복해냈는지도 모르겠다.

유자광

인간답게
살려니
역사의 짐승이
되었다

자광이 비밀히 원종에게 서간을 보내어 "입술이 없으면 이가
시리다는 옛말이 있다. 어찌하여 감싸주지 않는가?" 했다.
원종이 회답하기를 "사림士林이 그대에게 이를 간 지 이미 오랜
데, 어찌 일찌감치 물러가지 않는가?" 했다.

《조선왕조실록》중종 2년(1507년) 4월 22일자

중종 2년에 있었던 일이다. 실록에 기록된 짧은 한 문장이 유자
광의 70여 년 인생을 정리했다고 할 수 있다. 이야기의 전후를 살펴
보면 중종반정(1506) 이후 정국이 어느 정도 수습되자 언관을 중심

으로 유자광에 대한 탄핵을 요구하게 된다. 중종반정으로 다시 한 번 정치적 생명을 연장한 유자광에게는 최대의 위기상황이었다. 이때 유자광은 반정의 일등공신인 박원종을 찾아가 자신을 도와 달라 청했지만 거절당한 것이다.

그때 나오는 "사림士林이 그대에게 이를 간 지 오랜데"라는 말은 유자광의 인생을 그대로 드러낸다. 무오사화戊午士禍(1498)와 남이 의 옥 등을 통해 권력을 얻었지만, 이 과정에서 너무 많은 사람을 죽음으로 몰아넣었다. 사람들은 이 때문에 유자광을 간신이라 말 하고, 김자점, 임사홍과 함께 조선의 3대 간신으로 밀어 올린다.

그렇다면 유자광은 과연 간신이었을까?

그의 행적을 더듬어 올라가다보면 그의 인생은 '인간 승리'의 여 정이라 말할 수 있을 정도였다. 만약 그가 서얼이 아니었다면 그의 인생이 어떻게 변했을까? 어쩌면 실제 역사처럼 무리하게 살지 않 아도 되었을지도 모른다. 그렇다면 굳이 비난받을 이유도 없었을 것이다.

그의 재능과 처세술은 세조부터 시작해, 예종, 성종, 연산군, 중 종으로 이어질 때까지 임금을 다섯이나 모시며 권력을 유지했다는 사실만으로도 충분히 검증된다. 문제는 다른 권신들, 그와 시대를 같이 살았던 한명회, 신숙주 등과 같은 인물들이 양지에서 '떳떳한 모습'을 보여줬다면, 유자광은 이들 뒤에서 온갖 더러운 일을 하면 서 오물을 뒤집어썼다는 것이다. 사람인 이상 유자광도 욕을 먹기 싫었을 테고, 남들이 인정하는 '깨끗한 일'을 하고 싶었을 것이다.

그러나 그의 출신 성분이 가진 한계와 정치구도 때문에 그가 권력에 다가갈 수 있는 방법은 매우 제한적이었다. 그에게는 선택지가 얼마 되지 않았다.

일반인들이 정치와 권력을 바라볼 때 가장 조심해야 하는 대목이다. 더러운 일, 남들이 하기 싫어하는 악한 일을 하는 정치인들을 단순히 '나쁜 놈'으로 본다는 것이다. 최소한 권력이 움직이는 곳까지 올라간 이들은 기본적으로 능력과 처세술에 있어서 검증된 이들이다. 그런 그들이 뻔히 자신이 욕을 먹을 게 분명한 일들을 하는 이유가 무엇일까?

우리는 그들이 선천적으로 악한 마음을 가지고 있어서라고 쉽게 단정을 짓는다. 물론 그런 경우도 있을 것이다. 그러나 대부분의 권력자들은 자신이 행사한 권력이 어떤 식으로 비칠지, 어떻게 작용할지, 그리고 자신에게 어떤 결과로 돌아올지를 예상하고 일을 처리한다.

즉 그들은 욕을 먹더라도 그 반대급부가 확실하다면 기꺼이 악역을 맡는다. 이것이 권력 근처에 맴도는 인간의 계산법이다. 반대로 생각하자면 정치인들이 아무런 대가 없이 욕을 먹고 비난을 받는 경우는 없다. 만약 이런 희미한 계산법으로 권력 주변에 맴돌다가는 얼마 가지 못해 잊힌 이름이 될 수밖에 없다.

그런 의미로 유자광은 상당히 '계산'이 빨랐던 인물이다.

세조 시절, 그의 신분적 한계와 벼락출세

그의 개인사는 그 자체로 조선 초기 정치사의 압축판이다. 만약 그가 '정상적인 어머니'에게서 태어났다면, 조선 초의 정치사는 우리가 한국사 교과서에서 배웠던 내용과는 다른 방향으로 진행됐을지도 모른다.

그는 중추부지사中樞府知事 유규柳規의 아들로 태어났다. 그러나 그의 어머니는 노비 출신 첩이었다. 즉 그는 서얼로 태어났다. 얼자라는 신분은 평생 그의 발목을 붙잡은 꼬리표였다.

얼자였기에 문과에 응시할 수 없었던 유자광은 건춘문(경복궁의 동문)을 지키는 갑사甲士가 되었다. 지금으로 치자면 청와대 경호경찰이 된 것이다. 만약 별 문제가 없었다면 유자광의 인생은 이렇게 평범하게 흘러갔을지도 모른다. 그러나 세조가 통치했던 시기는 이런저런 정치적 파란의 연속이었고, 유자광은 이 파란 가운데 하나를 붙잡게 된다.

신이 하번下番해 남원에 있으면서 이시애의 일을 늦게 듣고서는 바야흐로 식사하다가 비저匕箸(수저와 젓가락)를 버리고 계속 군현을 독려해, 신이 징병하는 문권文卷 속에 이름이 기록된 것도 깨닫지 못했습니다. 신은 본디 궁검弓劍으로써 자허自許했으니, 용약踴躍하라는 것을 듣고 말을 의지해 행군을 기다려 여러 날 차례를 기다렸는데, 군현에서 행군을 독촉해 날짜를 정했다는 지령이 있지 않았습니다. 신은 이에 밤새도록 자지 못하고 분연히 그윽이 이르기를 "국가가 비록 사방을 계엄戒嚴해 병졸을 정제整齊하더라도 어찌 사방의 병사를 다 징발한 연후에야 일개 이시애를 토평할 수 있겠는가?" 하였습니다.

《조선왕조실록》세조 13년(1467년) 6월 14일자

유자광의 인생을 바꾼 상소다. 이시애의 난으로 뒤숭숭한 정국에서 토벌의 계책을 말하는 유자광이 마음에 들었던지 세조는 그를 부른다. 파격이었다. 세조는 그를 남이의 휘하에 들어가게 한다. 이시애의 난은 세 달만에 진압된다. 이후의 논공행상에서 유자광은 파격적으로 승진하게 된다.

"정조政曹(이조와 병조)는 소임이 가볍지 아니하니, 반드시 벌열閥閱로서 재행才行이 있는 자를 골라서 써야 할 것이고, 또 구례舊例에도 문무과 출신이 아닌 자는 임명하지 않았습니다. 유자광은 바로 유규의 서자인데, 특별히 종군하는 데 작은 공로가 있다고 해서 갑자기 병조정랑에 임명했습니다. 지금 유자광의 가문 출신은 첩의 아들로서 재행이 부박浮薄하고 용렬한데, 비록 허통許通을 받았다고 하더라도 또 과목科目(문무과) 출신도 아닙니다. 지금 귀천을 논하지 아니하고 현부賢否를 살피지 아니하고 구례를 돌아보지 아니하고, 어제에 허통했다고 하여 오늘에 정랑으로 삼는다면, 신은 마땅치 않을까 합니

다. 이미 다른 관직도 유자광의 작은 공로에 합당할 만한 것은
없습니다."

이에 전지하기를 "너희들 가운데 유자광 같은 자가 몇 사람이
냐? 나는 절세의 재주를 얻었다고 생각하니, 다시 말하지 말라.
또 너희들이 허통한 지 오래되지 아니하였다고 핑계하나, 얼마
정도의 세월이 지나야만 오래되는 것인가?"

《조선왕조실록》세조 13년(1467년) 9월 22일자

세조가 유자광에게 정5품 병조정랑의 자리를 내리자 언관들이
들고 일어난 것이다. 과거 응시자도 아니며, 게다가 서얼 출신인 자
에게 병조정랑이란 자리를 내려서는 안 된다는 이유였다. 이에 대
해 세조가 내린 말이 인상 깊다. '절세의 재주를 얻었다.'

세조는 유자광을 마음에 두고 있었다. 놀라운 것은 이 모든 일이
3개월 만에 이뤄졌다는 점이다. 상소문이 올라가고, 세조와 만나고,
남이를 따라 이시애의 난을 진압한 뒤 일개 갑사 신분이었던 유자
광은 정5품 병조정랑의 자리에 올랐다. 그 자체만으로도 특기할 만
한 일로, 만약 오늘날 청와대 경호경찰이 석 달 만에 4급 서기관으
로 승진했다면 어떤 반응들이 나올까?

파격은 여기서 멈추지 않았다.

"유자광의 대책이 좋은 것 같은데, 어찌하여 합격시키지 않았느
냐?" 하니 신숙주가 말했다.

"대책 속에 고어古語를 전용한 데다 문법도 또한 소홀해 이 때문
에 합격시키지 않았습니다."
이에 임금이 말하기를 "비록 고어를 썼다 하더라도 묻는 본의
에 어그러지지 않았다면 의리에 해로울 것이 없지 않겠는가?"
하니, 이에 유자광을 1등으로 삼고 …

《조선왕조실록》 세조 14년(1468년) 2월 15일자

이시애의 난을 진압한 다음 해에 세조는 온양행궁으로 가 피부
병을 다스리기 위해 온천을 즐긴다. 이때 세조는 별시문과를 치르
게 했는데, 왕의 행차 때 특별 과거시험을 개최하는 것 자체는 특별
한 일이 아니다. 문제는 이 시험에 담긴 '목적'이었다.

세조는 유자광에게 시험을 보게 하고, 직접 장원급제를 시키라
고 명령한다. 그리고 바로 앞에 나온 실록에 나왔다시피 신숙주는
유자광을 낙방시켰다. 그 결정을 세조가 뒤엎은 것이다. 세조가 유
자광의 '학벌'을 세탁해준 것이라고 봐도 무방할 정도다.

이런 경우가 아예 없는 것은 아니지만, 유자광처럼 '서얼'인 경
우가 이런 파격적인 대우를 받은 적은 없었다. 예를 들어 홍봉한이
과거에 낙방하자 영조가 과거를 열어 홍봉한을 합격시켜 준 적이
있었지만, 이 경우는 왕실의 체면과 관련된 문제였기에 이해의 범
주 안에 들어간다. 홍봉한은 사도세자의 아내인 혜경궁 홍씨의 아
버지이니 영조의 입장에서는 사돈지간이 되기 때문이다. 그러나
유자광처럼 아무런 배경도 없는 상태에서 세자의 장인이나 받을

수 있었던 파격적인 대우를 받았다는 것은 특기할 만한 일이다.

결국 이 해에 유자광은 정3품 병조참지에 오른다. 그리고 이시애의 난을 진압한 자들에게 내려진 적개공신의 자리에 오른다. 이 모든 것이 일 년 안에 벌어진 일들이다.

이 대목에서 생각해볼 만한 지점이 있다. 세조가 이 정도로 총애할 만큼 유자광의 능력이 뛰어났을까? 물론 중종 때까지 이어나간 정치적 생명력을 보면 능력이 있었다는 것은 인정해야 할 부분이다. 그러나 아무리 능력이 뛰어나다곤 해도 단 일 년 만에 정3품 자리에 오를 정도로 탁월했는지에 대해서는 고민해볼 필요가 있다. 무엇보다 그는 서얼 출신이다.

그의 파격적인 승진에는 세조의 '정치적 계산'이 깔려 있다. 세조 정권의 시작은 계유정난에서부터였다. 시작부터 정통성에 금이 간 상황이었기에 그 운신의 폭이 좁았다. 뒤이어 터진 사육신 사건을 접하고, 세조는 자신이 믿을 수 있는 이들은 공신밖에 없다는 결론을 내리게 된다. 즉 세조는 쿠데타로 집권한 뒤 '혁명 동지'에 의지해 정치를 했다.

그러나 세월이 흘러 공신세력이 점차 비대해지면서 세조는 다시 위기감을 느끼게 된다. 이들을 계속 내버려뒀다간 국정 운영을 제대로 할 수 없다는 판단이 섰다. 결국 세조는 비대해진 공신세력을 견제하기 위해 자신의 친위세력을 만들기 시작한다.

이시애의 난 전후로 조정에 등장한 구성군龜城君 이준, 남이, 유자광 등이 바로 이들이다. 구성군은 스물일곱에 이미 벼슬이 병조판서를 거쳐 영의정에 이르렀다. 남이 또한 스물여섯에 공조판서를 거쳐 병조판서에 올랐다. 그리고 유자광은 서얼 출신임에도 벼슬길에 오른 지 일 년 만에 정3품의 자리에 오른다. 그때 그의 나이는 스물아홉밖에 되지 않았다.

이들은 세조의 친위세력으로 키워진 '신新 공신세력'이다. 주변에서 반대의 의견을 내놓아도 세조는 이를 모두 무시하고, 자신의 친위세력이 되어줄 젊은이들을 밀었다. 그들의 비정상적인 출세와 총애에는 이런 배경이 있었다.

그러나 세상에는 공짜가 없다. 이런 출세의 배경에는 한명회를 비롯한 구 공신세력들을 견제하라는 임무가 있었다. 이들은 그렇게 조정 안에서 새로운 세력을 만들어갔다. 그러나 이들이 얻은 힘에는 결정적인 약점이 하나 있었다. 이들은 세조의 위광이 있어야지만 움직일 수 있는 존재였다. 특히나 유자광의 경우가 그러했는데, 개인의 재주는 뛰어났을지 모르지만 서자라는 꼬리표 덕분에 변변한 학연이나 정치적 배경을 만들기가 쉽지 않았다.

결국 유자광이 기댈 수 있는 것은 '왕의 총애'밖에 없었다. 세조로서는 원하던 구도였겠지만, 유자광으로서는 불안한 미래였다. 왕의 마음이 떠나거나, 왕의 '몸'이 세상을 떠나는 순간 유자광의 권력도 사라지기 때문이다. 그리고 그 일이 실제로 일어났다.

세조가 죽으면서 유자광의 첫 번째 '위기'가 찾아왔다.

예종 시절, 그의 첫 번째 위기와 결단

세조가 승하하면서 그가 말년에 전략적으로 육성했던 '신 공신세력'들은 위기에 봉착한다. 예종은 전쟁영웅 남이를 싫어했다. 한명회를 비롯한 구 공신세력들은 말할 것도 없었다. 자신을 바라보는 매서운 눈초리를 감지한 남이는 혁명을 꿈꾸게 된다. 그리고 자신과 처지가 비슷한 유자광을 끌어들인다. 훗날 '남이의 옥사'라 불리는 역모 사건이 시작됐다.

> 지난번에 신이 내병조에 입직했더니 남이도 겸사복장兼司僕將으로 입직했는데, 남이가 어두움을 타서 신에게 와서 말하기를 "세조께서 우리들을 대접하는 것이 아들과 다름이 없었는데 이제 나라에 큰 상사喪事가 있어 인심이 위태롭고 의심스러우니, 아마도 간신奸臣이 작란作亂하면 우리들은 개죽음할 것이다. 마땅히 너와 더불어 충성을 다해 세조의 은혜를 갚아야 할 것이다"하기에 …
>
> 《조선왕조실록》예종 즉위년(1468년) 10월 24일자

남이의 실수는 유자광을 믿었다는 것이었다. 유자광은 남이의 계획을 듣자마자 예종에게 달려간다. 즉위한 지 두 달도 안 돼 터진 역모사건, 게다가 주모자는 평소부터 미운털이 박혔던 남이였기에 예종으로서는 더 두고 볼 것도 없었다.

유자광에게는 이 일이 일생일대의 승부수였다. 만약 남이의 말에 설득당해 혁명에 참여했다면 한명회나 신숙주의 지위에 오를 수 있겠지만, 실패했을 경우에는 본인뿐만 아니라 자신의 집안까지 풍비박산이 난다. 그 갈림길에서 유자광은 고발이라는 결단을 내렸다. 유자광은 왕실에 대한 충성심 때문에 역모를 알린 것일까? 물론 아니다. 여기에는 냉정한 정치적 계산이 깔려 있었다.

당시 남이를 비롯해 유자광의 세력은 약했다. 약하다는 정도가 아니라 미미하다고 해도 무방할 정도였다. 그들은 세조라는 태양이 있었기에 빛날 수 있었던 행성들이었다. 독자적인 세력을 갖추기에는 너무 젊었고, 권력에 오르기까지의 기간 또한 너무 짧았다. 결정적으로 권력을 잡은 이후의 경험이 모자랐다.

한명회와 신숙주 같은 이들은 정치판에서 산전수전을 겪은 노회한 정객들이다. 남이에게는 이들을 상대할 수 있는 무기가 별로 없었다. 유자광은 남이 대신 예종과 구 공신세력들을 택했다. 자신의 출신 성분을 생각한다면 어지간한 배경이 아니고선 권력의 전면에 나서기 힘들다는 것을 깨달았기 때문이다. 그는 세조에 이어 예종이라는 새로운 태양을 선택했다.

바로 이 대목이 중요하다. 예종 시절 '남이의 옥사' 이후 유자광은 일관되게 왕과 왕실에 충성을 다한다. 신하가 임금에게 충성을 다한다는 것은 분명 권장할 만한 미덕이지만, 유자광의 충성은 그 의미가 미묘하게 달랐다. 유자광은 임금의 가려운 곳, 임금이 선뜻 꺼내기 힘든 말과 행동들을 대신 해주는 위치에 있었다. 그래야지

모든 권력은 간신을 원한다

만 인정받을 수 있는 이가 유자광이었다.

이후 유자광의 입지는 탄탄대로였다. 남이의 역모를 진압했던 이들에게 주어진 익대공신翊戴功臣 일등에 녹훈됐다. 이때 나란히 그 이름을 올린 이가 한명회, 신숙주였다. 한때 정적으로 삼았던 이들과 같은 반열에 올라선 것이다. 이는 유자광의 정치적 선택이라고 볼 수 있다. 끈 떨어진 연이라 할 수 있는 남이, 구성군보다는 정치적 배경과 경험이 풍부한 구 공신세력과 손을 잡는 것이 이익이라고 판단했기 때문이다. 이후 유자광의 권력은 반석 위에 올라서게 된다. 이제 그 누구도 유자광을 업신여기지 않게 되었다. 말 그대로 권력실세가 된 것이다.

성종 시절, 차별과 폄훼를 감내한 시간

15개월 남짓 왕위에 앉아 있었던 예종. 그의 삶은 짧았고 그의 죽음은 갑작스러웠다. 다만 세조의 죽음 때와는 그 의미가 달랐다. 이미 유자광은 권력의 중심에 앉아 있었고, 그에 대한 왕실의 신임은 깊었다. 결정적으로 유자광 스스로 권력을 어떻게 유지해야 하는지를 알게 됐다.

"왕에게 충성을 다한다"였다.

보통의 충성이 아니다. 왕의 혀가 되고, 왕의 손발이 되어 왕이 원하지만 차마 말하지 못하는 것을 대신 해주는 역할, 그게 유자광의 임무였고 유자광이 살아남을 수 있는 방책이었다. 성종 시절에도 유자광은 이 원칙을 실행에 옮겼다.

이제 한명회가 대왕대비에게 아뢰기를 '지금 만약 주상께 정사를 돌려 드린다면 바로 이는 국가와 신민을 버리게 되는 것이고, 후일에 신이 대궐 안에서 비록 술을 마시더라도 마음이 편안할 수가 있겠습니까?' … 한명회가 우매해서 이런 말을 했겠습니까, 노매老昧해서 이런 말을 했겠습니까, 병들고 미쳐서 이런 말을 했겠습니까? 한명회가 우매하지도 않고 광망狂妄하지도 않고 노매하지도 않다는 것은 전하께서 아시는 바인데, 어찌 말이 도리에 어긋남이 이와 같습니까? 한명회의 죄를 다스리지 않을 수 없는 까닭이 세 가지가 있습니다. 혹시 한명회가 대왕대비를 위해 박절한 말을 진술하려고 했다면, 비록 이런 말이 아니더라도 어찌 다른 말로 말할 만한 것이 없겠습니까? 예로부터 모후가 국정을 섭행한 것은 대대로 혹 있었지마는, 모두 부득이한 데에서 나온 것이므로 한때의 임시 편의의 일일 뿐입니다. 전하께서 즉위하신 초기에 성상의 연세가 조금 어렸으므로, 대왕대비께서는 선인 요순宣仁堯舜의 성명聖明으로 성궁聖躬을 보도輔導해 큰일을 결정했으니, 또한 옛날 모후의 수렴청정에 비교할 것이 아닙니다. 지금까지 8년 동안에 국가가 아무런 일이 없고 백성이 생업에 안정하고 있으니, 태평의 정치를 오늘날에 바랄 수 있습니다. 전하의 춘추가 이미 한창이시고 성학聖學

이 이미 고명하시니, 대왕대비께서는 마땅히 빨리 서둘러 전하에게 정사를 돌려줘야 할 것이고, 전하께서도 굳이 사양할 수는 없는 일입니다.

《조선왕조실록》 성종 7년(1476년) 2월 19일자

성종 7년 유자광이 칼을 뽑았다. 의뢰인은 성종, 목표는 한명회였다. 성종은 열세 살 어린 나이로 즉위했기에 할머니인 정희왕후貞熹王后가 수렴청정을 하고 있었다. 정희왕후의 수렴청정이 나빴다면 뒷말이 나왔겠지만, 7년의 수렴청정 기간 동안 정희왕후는 균형 잡힌 정치를 펼쳤다. 친인척이 조정의 요직에 들어오는 것을 막았고, 물가 안정과 호패법 유지 등 굵직한 업적을 일궈냈다. 또한 손자인 성종을 아끼는 마음에 공은 언제나 성종에게 돌리고, 실수는 자신에게 돌리는 애정 어린 모습도 보였다.

그러나 아무리 할머니가 챙겨준다 하더라도 이제 스무 살이 된 성종으로서는 친정에 대한 욕심이 생길 수밖에 없다. 수렴청정의 가장 큰 난점이 등장한 것이다. 만약 대비나 대왕대비가 권력에 욕심이 없다면 무난하게 권력을 넘기겠지만, 만약 이들이 욕심을 가지고 있다면 충돌이 생길 수밖에 없다. 더구나 조선은 성리학을 기반으로 한 '효의 나라'가 아닌가? 웃어른에게 권력 이양을 쉽사리 꺼낼 환경이 아니다.

이런 상황에서 유자광이 치고 나온 것이었다.

방금 전까지 한배를 탔다고 할 수 있는 한명회를 목표로 유자광이 화살을 날린 것이다. 그러나 이때까지는 한명회의 힘이 더 강했다. 결국 유자광은 파직당한다. 그러나 이는 잠깐뿐이었다. 성종은 자신을 위해 칼을 뽑아 든 유자광을 기억했다가 반 년 뒤 복직시키고, 이듬해에 도총관都摠管(오늘날 수도방위사령부 사령관)의 자리에 앉힌다.

여기서 짚고 넘어가야 할 것이 있다. 유자광에 대한 당시 언관들의 지나친 폄하와 멸시다. 실록을 살펴보면 그들은 유자광과 관련된 일에 대해서는 눈에 불을 켜고 덤벼들었다. 심지어 그가 어머니의 상을 당했을 때는 장례를 너무 화려하게 치렀다는 꼬투리를 잡을 정도였다.

> 유자광이 특별히 은혜를 입어 높은 품계에 발탁되었으나, 본시 천얼의 자손으로 어미의 상사를 치르는 데 자못 예에 참람해, 그 귀장歸葬할 때에 대여大轝를 만들어서 메는데 백여 명이 들고 관가에서 인부를 징발해 번갈아 메어주고 방상씨方相氏(악귀를 쫓는다는 장식)를 써서 앞세우기까지 했는데, 방상씨는 예장禮葬에 쓰는 것이니, 이것을 보아도 기타를 가히 알 수 있사오며…
>
> 《조선왕조실록》연산 1년(1495년) 4월 9일자

그들은 유자광의 행동 하나하나가 모두 마음에 들지 않은 것이었다. 유자광은 서얼이다. 조선시대 서얼이 조정에 들어가 활동할 수 있는 확률이 얼마나 될까? 그는 학통에 낄 수도 없었다. 사림 세력은 그가 서얼이라고 사람 취급도 하지 않았다.

여기서 잠깐 학통에 대해 설명하고자 한다. 많이 사라졌다고 하지만 학연은 여전히 우리 사회에서 잔존한 채 곳곳에서 그 힘을 발휘하고 있다. 학연이 사회생활에 실질적으로 얼마나 영향을 주는지에 대해서는 개인마다 느끼는 바가 다르겠지만, 같은 학교 출신이라는 공통점으로 뭉쳐 서로 끌어주고 당겨주며 힘이 되어 주는 경우는 주변에서도 어렵지 않게 찾을 수 있을 것이다.

그렇다면 조선시대에서는 어땠을까? 조선시대에는 학통이라는 것이 존재했다. 조선 붕당정치의 이면에도 바로 학통이 있다. 스스로가 율곡 이이의 학통을 이어받았다고 여기는 이들이 서인, 그 중에서 노론 계열이다. 우계 성혼成渾의 학통은 서인 중에서 소론 계열을, 퇴계 이황의 학통은 동인 중에서 남인 계열을, 남명 조식의 학통은 동인 중에서 북인 계열을 이룬다.

조선에서 학통이란 그 자체가 자신의 인생 방향을 결정짓는 '운명'이며, 정치적 배경이 되었다. 이렇게 되니 스승의 학설이나 정치적 입장이 결정되면 제자들은 무조건 이를 따라야 했다. 나중에 가면 서로 다른 학통끼리는 혼인도 하지 않았고, 만약 학통을 바꾸게 된다면 배신자로 매도당하며 사람 취급을 받지 못했다.

즉 사대부에게 자신의 정치적 자산이자 사회적 안전망이 되는 것이 바로 학통이다. 물론 학통이 이렇게 힘을 발휘하게 되는 시기는 유자광이 정치 일선에서 물러나서도 한참 후의 일이다. 그러나 이 당시에도 사림세력은 존재했고 그 힘은 막강했다. 유자광은 이 사림세력들에게는 '적'으로 간주됐다. 그는 아무것도 가진 게 없었다. 오히려 그가 살아남은 것이 신기할 정도다.

연산군 시절, 결국 간신의 탄생

유자광이 훗날 '간신'의 대명사가 됐던 결정적 사건은 연산군 시절에 벌어진다. 바로 무오사화戊午士禍다. 무오년에 선비들이 입은 화라 해서 무오사화라 이름 붙여진, 조선시대 4대 사화의 시작점에 있었던 이 사건의 시작을 알린 이가 유자광이었다. 이 때문에 유자광은 두고두고 선비들의 적이 됐고, 간신의 대명사가 된다.

그러나 무오사화의 실상을 파고 들어가보면, 유자광은 명백히 해야 할 일을 한 것이고 오히려 잘못은 선비들에게 있었음을 알 수 있다. 문제는 이후 사림세력들이 정권을 잡으면서부터다. 이들은 당연히 벌을 받아야 할 사건을 '사화'로 포장했고, 이를 주도한 유자광을 '간신'으로 포장했다.

사건이 복잡하게 얽혀 있기에 이제부터 최대한 간단하게 정리해보겠다. 우선 일반적으로 알려져 있는 무오사화의 흐름을 정리하자면 다음과 같다.

첫째, 성종실록 편찬을 총지휘하던 좌의정 이극돈이 자신에 관한 부정적인 내용이 들어간 사초를 발견한다. 사관 김일손에게 이에 대한 수정을 요구했으나 김일손이 거부한다.

둘째, 이극돈은 김일손에게 원한을 가지게 된다. 마침 성종의 기록 중에서 김일손의 스승 김종직이 쓴 〈조의제문〉을 발견하게 된다.

셋째, 유자광은 김종직에게 원한이 있었다. 경상도 관찰사 시절 함양의 학사루에 걸어둔 자신의 시를 함양군수 김종직이 부임하자마자 떼어내 불살라버렸다. 이런 사정을 알고 있던 이극돈은 〈조의제문〉을 유자광에게 건네고, 이를 확인한 유자광은 〈조의제문〉의 본 뜻을 해석해 연산군에게 가지고 간다.

넷째, 〈조의제문〉이 공개되면서 무오사화가 시작됐고, 사림세력이 잘려나간다.

이것이 일반적으로 알려진 무오사화의 진실이다. 사림세력들은 김종직이 지은 〈조의제문〉의 내용이 단종의 폐위와 죽음 앞에서 분노해 지은 것이라며 김종직의 충성심에 방점을 찍었다. 그러나 이것은 후대의 시점에서 당시를 평가한 결과다. 이때까지 단종은 노산군魯山君으로 불렸다. 즉 왕실에 죄를 지은 죄인이었다. 왕권의 정통성 문제는 차치하더라도 이미 종통은 세조에게 넘어갔고, 세조 – 예종 – 성종 – 연산군으로 이어지는 종통이 확립된 상황에서 왕권의 아킬레스건을 건드린 것이었다.

이 모든 문제를 다 떠나서 근원적인 '의문'을 하나 제기하고 싶다. 무오사화를 선악의 개념으로 접근하는 방식이 옳은 것일까? 훗

兩事說與駙孫而已史草所記非臣所言也○駙孫供以權氏尹氏等事
非聞諸姜謙初實聞許磐○駙孫供臣問撚曰時人皆好後殿曲汝既
審於樂意謂何如撚荅曰此音衰促吾不知其終常以為慮云臣書於
史草曰我豐私自憂曰畢竟何如及　成宗升遐臣追思其音以為此
兆也○柳子光句解金宗直弔義帝文以啓曰此人敢為如此不道之
語請依法治罪此文集及其校本請燬之其刊行人亦并治罪傳曰
安有如此痛心其議擬以啓國家使宗親不失其祿恩莫大焉撚交結
朝官將欲何為若以親故不治其罪諸宗親何所知戒其心訊○柳子
光與弼商議將作傳旨論宗直之罪龜孫啓令群臣並如此意終後定
罪何如傳曰今日始知有臺諫也子光又欲自作傳旨龜孫曰當令政
院主之諸宰皆曰然○以撚辭連命拿來姜渾成俊問李希舜曰渾何
如人耶曰端士也俊曰是亦高論徒耶也曰高論者寔繁有徒朝
啟之者矣子光曰駙孫之為都事也子道遇一宰相問從何處來曰訪
廷初謂上不知故難於啓達今聞傳教上亦已知矣今若不罷將必有
駙孫也其為人異常誤天下蒼生者未必非此人也今其言果驗子光
又語俊曰前數年令公謂我曰吾有外孫韓亨允者若一日不來見余

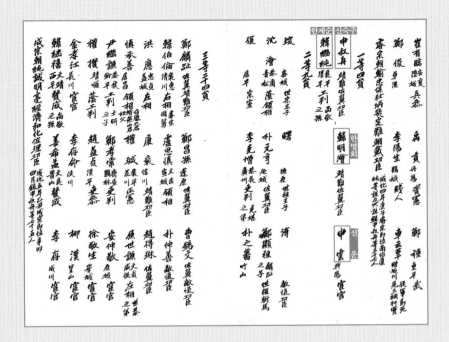

▲《국조공신록國朝功臣錄》가운데 익대공신翊戴功臣 부분.

유자광은 신숙주, 한명회, 신운, 한계순 등과 함께 일등 공신에 이름을 올렸다. 그러나 19세기 말 제작된《국조공신록》의 익대공신 부분에는 그 이름이 삭제되어 있다.

◀〈조의제문〉이 언급된《조선왕조실록》기록. 연산군 4년 7월 15일자

유자광이 김종직의 〈조의제문〉을 구절마다 풀이해 아뢰었다. "그가 감히 이와 같은 부도한 말을 했다니, 법에 의해 죄를 다스리옵소서."

〈조의제문弔義帝文〉은 '정축 10월 어떤 날'로 시작되는 김종직의 글로 항우에게 살해당한 초 의제를 조문하는 내용을 통해 계유정난을 에둘러 비판했다. 정축년(1457년) 10월은 단종이 살해된 때다. 김일손은 사사로이 이를 사초에 기록했는데, 이 일은 훗날 무오사화의 원인이 된다.

날 사림세력들이 선악과 정의의 개념으로 포장을 해서 역사를 호도해서 그렇지, 실제로 그 역사를 찬찬히 살펴보면 이건 그 자체로 '역모'였고, 사림세력의 방자함이 만들어낸 '참극'이었다. 하나씩 기록을 더듬어 보자.

김일손의 사초는 믿을 만한가?

사건의 발단이 된 이극돈과 김일손의 충돌 부분을 살펴보자. 당시 실록의 기록을 살펴보면 다음과 같다.

> 나의 사초史草에 이극돈이 세조조에 불경을 잘 외운 것으로 벼슬을 얻어 전라도 관찰사가 된 것과 정희왕후의 상喪을 당해 장흥長興의 관기 등을 가까이한 일이 기록되었는데, 듣건대 극돈이 이 조항을 삭제하려다가 오히려 감히 못했다고 한다.
>
> 《조선왕조실록》 연산 4년(1498년) 7월 12일자

불경을 잘 외운다는 이유로 벼슬을 얻었다는 둥, 성종의 할머니인 정희왕후 상 중에 관기를 가까이했다는 둥 자신에 대해 언급한 사초를 보고 이극돈이 분노해 이를 빼달라고 청을 넣었다는 것이다. 문제는 이 기록에 대한 신뢰성이다. 김일손은 기록을 날짜별로 정리하지 못해 비판을 받는 등 기본적으로 사관 업무에 부적합한

모습을 보였다. 게다가 그가 남긴 사초들을 보면 정확한 출처, 취재 기록, 날짜 등이 없고 누군가에게 들은 이야기나 떠도는 소문들을 모아놓은 수준이었다. 오늘날 이른바 '증권가 지라시' 수준의 정보를 버젓이 국가 공인기록으로 등재시키려 한 것이다.

이극돈은 훈구파이기는 하지만 실무에 능했고 주변의 평판도 괜찮았다. 관리로서의 경험이나 실적도 좋았다. 한마디로 실무형 관료의 표본과 같은 이였다. 무오사화 당시 좌의정 자리에 있었을 만큼 경륜과 지위도 상당했다. 이런 인물에 대해서 아무런 근거 없는 비난을 역사 기록으로 남겼다는 것 자체가 문제가 아닐까? 물론 권신을 비판하는 자체가 잘못은 아니다. 그러나 어떤 인물을 평가하고 비난하기 위해서는 최소한의 설득력 있는 근거가 필요하다.

실록에서 함양 학사루 사건의 기록을 살펴보면 다음과 같다.

함양咸陽 고을에 노닐면서 시를 지어 군재郡宰에게 부탁해 판자에 새겨 벽에 걸게 했다. 그후 김종직이 이 고을 원이 되어 와서 말하기를 "유자광이 무엇이기에 감히 현판을 한단 말이냐" 하고, 즉시 명해 철거하고 불사르게 했다. 유자광은 성나고 미워서 이를 갈았으나 …

《조선왕조실록》 연산 4년(1498년) 7월 29일자

김종직이 얼마나 대단한 인물인지에 대해서는 차치하고, 누구나 생각할 수 있는 상식 수준에서 생각해보자. 유자광은 경상도 관찰사였다. 즉 오늘날 도지사 급의 지위에 있었고, 김종직은 군수였다. 도지사가 현판을 걸었는데, 군수가 그 현판을 불태웠다는 것이다. 이것을 김종직의 기개를 보여준 일화라고 포장했지만, 실상은 예의에서 벗어난 일이다. 아니, 아예 유자광을 사람 취급하지 않은 것이다. 유자광이 서얼 출신이고, 권력을 좇는 속물이기에 선비로서 사람 취급을 하지 않는다는 것까지는 인정할 수 있다. 그러나 자신보다 직급이 위인 상관이 아닌가?

사림세력의 특징이 다시 한 번 드러나는 대목이다. 이들은 정의와 명분을 내세우며 자신만의 프레임을 만들고 그것에서 벗어나면 상대를 무조건적으로 비난하거나 매도하곤 했다. 이들은 오직 자신들만을 선으로 고정한 다음 세상 모든 일을 선악의 개념으로 바라봤다. 이런 상황임에도 행정 실무에 있어서는 기존의 공신세력보다 뒤떨어지는 모습을 보였다. 성종은 공신세력을 견제하기 위해 어쩔 수 없이 이들을 등용했지만, 이들의 능력은 공신세력의 그것보다 한참 뒤떨어진 모습을 보였다.

연산군의 적은 선비다

"권귀인權貴人은 바로 덕종德宗의 후궁이온데, 세조께서 일찍이 부르셨는데도 권씨가 분부를 받들지 아니했다."

"영웅대군 부인 송씨가 군장사僧長寺에 올라가 법法을 듣다가 시 비가 잠이 깊이 들면 학조와 사통을 했다."

이 기록들은 김일손이 작성한 사초의 일부다. 세조가 아들의 후 궁과 간통하려 했다는 내용, 세종의 여덟째아들인 영웅대군의 처 가 중과 간통을 했다는 기록이다. 연산군은 이 사실을 어디서 들었 는지 그 출처를 계속 물었는데, 김일손은 기억이 안 난다거나, 누군 가에게 들었다고만 했다. 왕실의 체통과 정통성이 걸려 있는 문제 인데, 김일손은 뜬소문을 가지고 기록을 남긴 것이었다. 비판을 하 더라도 최소한의 근거는 있어야 하지 않겠는가?

문제의 〈조의제문〉 역시 마찬가지다. 그 시의 내용 자체는 은유 와 수사적 표현이 많아 제대로 그 뜻을 확인하기도 어려운데, 간단 하게 말하자면 초나라 항우에게 살해당한 회왕懷王의 귀신이 꿈에 나타나는 형식의 글이다. 여기서 항우는 세조, 회왕은 단종을 의미 한다. 이 글은 그 존재 자체로 '반역'을 의미했다. 연산군은 세조의 증손자다. 그런데 세조의 즉위 자체를 부정하는 글이 등장한 것이 다. 왕조국가에서 왕통에 대한 부정은 역모와 다르지 않았다.

놀라운 점은 이 글을 단지 스승의 글이라는 이유로 실록에 실으 려 했던 김일손의 '용맹함'이다. 아무리 생각이 없다고 하더라도 그 것이 왕조 자체를 부정하는 반역행위임을 몰랐던 것일까? 그러나 이후 사림세력은 이 글을 해석해서 연산군에게 고자질한 이가 유 자광이라며, 유자광을 간신으로 매도한다.

선비의 적은 연산군이다

"전하께서 이미 신들의 말을 그르다 하셨습니다. 하여 반드시 신
들에게 죄가 있다고 여기실 터이니 죄 있는 사람이 어찌 오래
풍기風紀의 지위에 처해 성명聖明의 치화治化를 더럽힐 수 있으리
까. 신들을 파직하소서" 했으나 듣지 않았다. 대간이 또 다시 아
뢰었으나 듣지 않으므로, 드디어 사직하고 물러갔다.
        《조선왕조실록》연산군 2년(1496년) 2월 24일자

연산군 즉위 초의 일상적인 풍경이다. 대간들이 주장을 하고, 연
산군은 이를 거부한다. 그러면 대간들이 사표를 내던지고 물러난
다. 그러면 연산군은 다시 복직을 명령하고, 이 복직 명령을 대간들
이 거부하면서 조정은 대치 국면으로 흘러간다.

대간세력들, 즉 사림 출신의 관료들은 성종 시절과 같은 정치를
원했다. 자기들이 하는 말을 무조건 다 들어줬던 성종처럼 연산군
도 그렇게 길들이고 싶었다. 연산군은 이에 적극적으로 저항했다.
성종이 대간세력을 키워 훈구세력을 견제하려 했다면, 연산군은
대신들에게 힘을 실어줘 대간세력을 견제하려 했다. 연산군은 대
간들과는 달리 대신들에게는 한껏 몸을 낮춰 예를 표하면서 포섭
작업에 들어간다. 가끔 대신들을 도발해 대간들에 대한 감정을 부
추기는 것도 잊지 않았다. 여기서 중요한 점은 연산군에 대한 지지
를 표명한 대신들이 거꾸로 대간들의 공격을 받을 때에는 연산군

이 두 팔 걷어붙이고 확실하게 방패막이가 돼줬다는 것이다. 이런 식으로 연산군은 착실히 왕권의 기초를 다져 나갔다. 이때 벌어진 사건이 무오사화다.

연산군은 무오사화를 통해 사림세력을 확실하게 억눌렀고, 이를 통해 왕권을 회복하기에 이른다. 부왕인 성종이 꿈도 꾸지 못했던 일이 일어난 것이다. 유자광은 그저 옆에서 거들었을 뿐. 사화를 주도한 이는 다른 누구도 아닌 연산군이었다.

모두가 간신의 몰락을 바랐다

연산군이 권력에 취해 추락 직전까지 내몰렸을 때 유자광은 과감히 연산군을 버리고 박원종에게 붙었다. 그의 동물적인 직감이 다시 한 번 그를 살린 것이다. 그는 중종반정에 참여한 공을 인정받아 정국공신靖國功臣 일등으로 녹훈됐다. 그러나 다시 한 번 공신훈호를 받은 것까지는 좋았지만, 이 공신훈호가 그에게 권력을 가져다주지는 않았다.

반정 참여는 그의 물리적 생명만을 유지시켜 준 것이었지, 그의 정치적 생명까지 이어주지는 못했다. 이제 온 사방이 적으로 둘러싸여 버렸다. 중종은 반정 삼공신이라 불리는 박원종, 성희안, 유순정의 손바닥 위에서 놀아났고, 이후 하나둘 조정에 재등장한 사림세력들은 눈에 불을 켜고 유자광을 공격했다. 지난 시절 사화의 기억 덕분에 유자광과는 같은 하늘 아래 살 수 없다는 각오였다.

> 유자광이란 자는 성종조에서부터 조정을 흐리고 어지럽혀 간
> 흉이라 일컬어져 사람들이 다 분하게 여기는데, 비록 제거된다
> 하여도 족히 애석히 여길 것이 없습니다.
>
> 《조선왕조실록》 중종 2년(1507년) 8월 23일자

온 천지사방에서 그를 죽이기 위해 덤벼들었다. 그는 세력도 없
었고, 이제 그를 총애해줄 왕도 없었다. 그에게 남은 것은 서얼이라
는 꼬리표와 연산군을 부추겨 선비들을 죽였다는 죄명밖에 없었
다. 결국 그는 귀양길을 떠나게 된다. 그리고 귀양지에서 5년 간 더
살다가 74세의 나이로 사망한다. 파란만장한 한 인간의 인생이 이
렇게 끝이 났다.

이 대목에서 다시 한 번 질문을 해볼까 한다. "유자광은 과연 간
신이었을까?"

만약 지금 여기에서 태어나 이 정도의 성취를 이뤄냈다면 그는
인생의 승리자로 대우받으며 언론에 대서특필됐을지도 모른다. 출
신 성분의 한계를 극복하고 권력의 가장 안쪽까지 기어 올라가 수
십 년 간 권력의 핵심으로 살았던 유자광. 놀라운 것은 그에게는 아
무런 배경도, 정치적 유산도 없었다는 점이다. 그는 오로지 자신의
맨손으로 이 모든 것을 이뤄냈다. 오늘날 유행하는 말로 표현하자
면 '흙수저 신화'라고 해야 할까?

그렇지만 그의 권력은 흙수저 출신이었기에 모래성처럼 위험했다. 흙수저 출신이었기에 언제나 궂은 일을 도맡아서 처리했고, 이 때문에 그는 많은 이들에게 원망의 대상이 됐다. 그가 권력을 잡았다곤 하지만, 그의 권력이 커질수록 그의 상처도 커져갈 수밖에 없었다. 결국 그를 지켜줄 왕이 사라지자 수많은 칼날들이 날아와 그의 명줄을 끊으려 했다. 그렇게 그는 역사에 길이 남을 '간신'으로 만들어졌다.

　　과연 그는 간신이었을까? 아니면, 자신의 비천한 출신을 극복한 인간승리의 표상일까? 그것도 아니면 주어진 한계를 극복하려 평생을 무리하며 살다가 마모된 인간이었을까?

누구나
간신이 될 수 있다

'간신'의 판별법에 관한 기록들을 보면서 과연 이게 필요한지에 대해 고개를 갸우뚱했던 적이 있다. 앞서 소개한 아홉 간신들의 이야기를 읽었다면 이런 반응이 이해가 될 것이다.

인간은 약하다. 그렇기에 언제나 유혹에 노출되어 있다. 인재를 판별해 강직한 신념과 투철한 소명의식을 가진 이들에게만 공직을 준다면 간신은 사라질 것이다. 그런데 과연 가능한 일일까? 아니, 그 이전에 너무 불확실하고, 그렇기에 비효율적이지는 않을까?

간신들의 등장은, 간신으로 지목된 개인의 자질보다는 간신이 활약하던 시대의 주변 상황이 결정적인 영향을 끼친다는 것을 이 책을 통해 확인했을 것이다. 핵심은 간단하다.

"건강한 권력에서는 충신이, 병든 권력에서는 간신이 태어난다."

세종 시절에 간신이 등장했다는 소리를 들어본 적 있는가? 소소한 일탈 행위는 있었지만 정권 자체를 뒤흔들 만한 사건을 일으킨 간신은 없었다. 이유는 간단하다. 권력이 건강했기 때문이다. 그러나 병든 권력 안에서는 기다렸단 듯 간신들이 튀어나와 국정을 농단한다.

이러한 역사를 놓고 특정한 시절에만 나쁜 인재들이 더 많이 등장했다고 말하긴 어려울 것이다. 언제든 간신이 될 사람, 충신이 될 사람은 비슷하게 존재한다. 아니, 원래는 둘 다의 자질을 가지고 있었 지만 환경에 따라 다르게 발현되는 것인지도 모른다.

간신이 권력을 부패하게 만드는 게 아니라, 부패한 권력이 간신을 만든다. 그렇기에 몇몇을 지목해 책임지우는 것은 사안에 대한 안이 한 결론짓기다. 간신 한 명만의 잘못으로 나라가 망한 적은 없다.

내부의 적이 될 수 있는 간신을 판별하고, 간신이 될 확률이 높은 사람을 걸러내는 것도 중요하지만, 간신이 만들어질 환경을 없애는 것이 더 중요하다. 그러기 위한 첫 걸음은 "견제와 균형"이다.

한 사람에게 너무 많은 권력을 몰아줘선 안 되고, 권력을 장악하 기 위해 누군가를 간신으로 이용해서도 안 된다. 한 사람에게 너무 많은 권한을 주는 순간 균형은 무너지고, 언젠가는 통제할 수 없는 상황이 발생할 수밖에 없다. 그것이 권력의 속성이다.

이미 우리는 수많은 사례와 경험으로 간신의 모습을 직간접적으 로 경험했다. 그리고 그들을 비난하곤 했다. 그러나 정작 우리 스스 로를 뒤돌아보지는 못했다. 간신을 비난하기 이전에 우리 스스로가 간신이 될 수 있음을 명심하고 스스로를 경계해야 할 것이다. 다시 말하지만, 간신은 만들어지는 것이기 때문이다.

한명회부터 이완용까지 그들이 허락된 이유

모든 권력은 간신을 원한다

1판 1쇄 인쇄 2019년 5월 21일
1판 1쇄 발행 2019년 5월 31일

지은이 이성주
펴낸이 고병욱

기획편집실장 김성수 **책임편집** 허태영 **기획편집** 김경수
마케팅 이일권 송만석 현나래 김재욱 김은지 이애주 오정민 **디자인** 공희 진미나 백은주
외서기획 엄정빈 **제작** 김기창 **관리** 주동은 조재언 **총무** 문준기 노재경 송민진 우근영

펴낸곳 청림출판(주)
등록 제1989-000026호

본사 06048 서울시 강남구 도산대로 38길 11 청림출판(주)
제2사옥 10881 경기도 파주시 회동길 173 청림아트스페이스
전화 02-546-4341 **팩스** 02-546-8053

홈페이지 www.chungrim.com
이메일 cr2@chungrim.com
페이스북 https://www.facebook.com/chusubat

ISBN 979-11-5540-148-4 03910